333 Entdeckungen
in der Region Stuttgart

Astrid Schlupp-Melchinger

333 *Entdeckungen in der Region Stuttgart*

THEISS

Bibliografische Information der Deutschen Nationalbibliothek
Die Deutsche Nationalbibliothek verzeichnet diese Publikation in der Deutschen Nationalbibliografie; detaillierte bibliografische Daten sind im Internet über http://dnb.d-nb.de abrufbar.

Der Theiss Verlag ist ein Imprint der WBG

Die Herausgabe des Werkes wurde durch die Vereinsmitglieder der WBG ermöglicht.
Lektorat und Bildredaktion: Nicole Janke, Neuhausen auf den Fildern
Layout und Satz: nalbach typografik, Mannheim
Einbandabbildung: © plainpicture / Lubitz + Dorner
Einbandgestaltung: Stefan Schmid Design, Stuttgart

Gedruckt auf säurefreiem und alterungsbeständigem Papier
Printed in Germany

Besuchen Sie uns im Internet: www.wbg-wissenverbindet.de

ISBN 978-3-8062-2759-8

Elektronisch sind folgende Ausgaben erhältlich:
eBook (PDF): 978-3-8062-2876-2

Inhalt

VORWORT

In Stuttgart, um Stuttgart und um Stuttgart herum

Stuttgart kennen viele, aber das Drumherum? Ich staune selbst immer wieder, was es hier alles gibt. In dieser Region kommt man bisweilen schnell aus der Puste, hier hat eine Frau das essbare Quadrat erfunden und ein Mann den ersten Computer. Um ein Barockschloss herum wurden Formel-1-Rennen gefahren, die Region weist die älteste Sektkellerei Deutschlands aus, in diesem Landstrich werden die begabtesten Trickfilmer herangezogen, hier lebt der schnellste Schwamm der Welt, in dieser Gegend sind einige der schönsten Naturgedichte entstanden. Hier strahlen auf der Erde die Sterne und am Gourmet-Himmel ebenso, US-Präsident Obama findet dort einige seiner Vorfahren, und es gibt eine Firma, die Dollarnoten trocknet. Hier liegt eine Großstadt zwischen Wasser und Wein, und von hier aus hat eine zündende Idee die Welt erobert. Geht Ihnen ein Licht auf? Schöne und schnelle Autos baut man natürlich auch, aber das ist ja fast schon ein Klischee – ebenso wie der schwäbische Fleiß und Erfindungsreichtum.

Bei meiner Tätigkeit für die Wirtschaftsförderung Region Stuttgart fahnde ich regelmäßig nach Erfolgsgeschichten aus Stuttgart sowie den umliegenden Landkreisen und schreibe darüber – über blutjunge Existenzgründer und traditionsreiche Familienunternehmen, über faszinierende Forschung und Freizeitthemen, denn auch Natur und Kultur bieten jede Menge Stoff. Obwohl ich bereits lange in der Gegend heimisch bin, war ich dennoch immer wieder erstaunt, wie reich die Region ist – an ihrer Geschichte, an spannenden Unternehmen, wegweisenden

Ein Senf-Leihkübel der Firma Kauffmann für die Gastronomie – zu sehen im Stadtmuseum Ebersbach

Produkten, aber auch den ebenso schönen wie verblüffenden Entdeckungen am Wegesrand. Während meiner täglichen Recherche zu Themen rund um die Region reifte die Idee, offensichtliche Entdeckungen und veritable Überraschungen in einem unterhaltsamen Buch zusammenzufassen – und das gerne auch mit Ironie und einem Augenzwinkern.

Als Kunsthistorikerin auf wirtschaftlichen Abwegen fasziniert mich naturgemäß die Geschichte der Unternehmen, die mit den Pionieren in Wirtschaft und Wissenschaft verbunden ist. Sie haben die Region rund um Stuttgart in neuerer Zeit mehr geprägt als so manches prächtige Schloss oder manche noch so erhabene Kirche. Die wirtschaftliche Entwicklung hat entscheidend dazu beigetragen, dass Stuttgart und die benachbarten Landkreise in den vergangenen 150 Jahren vom ehemaligen Armenhaus im politischen Niemandsland zu einer der weltweit erfolgreichsten, innovativsten und am höchsten entwickelten Regionen aufgestiegen ist – mit allen Nebenwirkungen, die der Wohlstand so mit sich bringt: ein schönes Dach über dem Kopf, drinnen bullert der warme Ofen, Kalorien satt für stattliche Hüftgoldsammlungen, mehr als nur einen Sonntagsstaat im Schrank, vierrädrige Freunde in der Garage, hoffentlich geschmackvolle Mitbringsel aus allen Enden der Welt, und dazu ein erklecklicher Teil aus Onkel Dagoberts Geldspeicher. Die 333 Entdeckungen in diesem Buch entsprechen daher nicht den üblichen Wanderführern oder empfohlenen Sehenswürdigkeiten, sondern rücken andere Besonderheiten und Highlights in den Mittelpunkt. Sie ⊙ sind am **Textrand** mit einem **kleinen Kreis** markiert.

„Stuttgart ist toll, Stuttgart ist ein schlafender Riese, Stuttgart ist ein Rohdiamant", schwärmte der sonst gerne spottlustige Harald Schmidt 2011 im FAZ-Interview. Das gilt keineswegs nur für die Landeshauptstadt, sondern im selben Maße für die oft genug unterschätzte Region rundherum. Anders als im Umkreis anderer Metropolen, herrscht hier beileibe nicht das platte Land vor. Stattdessen recken bedeutende Städte und ansehnliche Gemeinden mit ebenso respektheischender Geschichte wie unternehmerischen Glanzleistungen zu Recht stolz ihr Haupt. Daraus leitet sich auch der Titel dieses Buches ab. „333 Entdeckungen in der Region Stuttgart" führt zu spannenden wie kuriosen Details ansässiger Unternehmen, zu wegweisenden Forschern und Pionieren und nicht zuletzt zu kulturellen Eigenarten und Natur mit dem gewissen Extra.

Wo sonst gibt es auf engstem Raum Hornaffen und Triasmurmeln, Bibelgärten und einen Mechanikerpfarrer, Raumfahrer und Satellitenbastler, Schlager- und Dichterstars oder zackige Romantik und Senf aus Klein-Jerusalem zu entdecken? Viel besser als reine Zahlen vermitteln die zahlreichen kleinen Entdeckungen die Großartigkeit und Vielfalt der Region rund um Stuttgart. In diesem Band ist lediglich ein kleiner Teil dieses Reichtums versammelt. Dabei gibt es noch viel mehr zu entdecken. Der Fundus ist prall gefüllt und er wird täglich größer.

Doch „Schaffa isch halt a Gschäft“, weiß der württembergische Schwabe seit altersher. „Nebenher“ ein Buch zu schreiben, bedeutet trotz aller Begeisterung viel zusätzliche Arbeit mit Nacht- und Wochenendschichten. Ich danke meinen Kindern für ihre Lebendigkeit, ihre Liebe und ihre Nachsicht, wenn ihre Mutter zeitweise mehr mit der Tastatur als mit ihnen beschäftigt war – was Heranwachsende gelegentlich durchaus zu schätzen wissen. Ob zu Hause, am Schreibtisch oder im Büro. Geschafft wird überall – oder ist das bei Ihnen etwa anders?

Viel Spaß beim Lesen und Entdecken wünscht Ihnen
Astrid Schlupp-Melchinger

155

Im Eisenbahn-schlaraffen-land

Die erste Eisenbahn dampfte durch England? Stimmt. Die erste deutsche Bahnlinie verlief von Nürnberg nach Fürth? Na, und. Die Schweizer haben die steileren Strecken? Sollen sie doch. Die New Yorker Grand Central Station ist der größte Bahnhof der Welt? Toll. In Tokio treten sich an der Shinjuku-Station täglich mehr als drei Millionen Leute auf die Füße? Brauchen wir nicht. Wir leben im Eisenbahnschlaraffenland. Hier entstand die Eisenbahnhymne schlechthin, hier hat Märklin eines der beliebtesten Männerspielzeuge erfolgreich gemacht, und nur wir sind in aller Munde – mit dem bislang größten Feldversuch, einen kompletten Bahnhof unter der Erde zu verbuddeln.

Aber alles schön der Reihe nach. König Wilhelm I. von Württemberg machte Nägel mit Köpfen. 1834, bereits ein Jahr bevor die Strecke Nürnberg–Fürth eröffnet wurde, schickte er eine Kommission los, um den Nutzen von Dampfrössern zu untersuchen. Die Herren empfahlen zwei Strecken von Stuttgart nach Ulm, die eine durch die Täler von Rems, Kocher und Brenz, sowie eine weitere durchs Filstal. Wie bei Großprojekten üblich, dauerte es noch ein paar Jährchen, bis 1843 das entsprechende **Eisenbahngesetz** in Kraft trat, das auch den Anstoß für die Gründung der legendären **Maschinenfabrik Esslingen** gab, um eine vom Ausland unabhängige Eisenbahnindustrie zu schaffen. Die ME gestaltete den Bau und die Technik der Eisenbahn in Württemberg maßgeblich mit. Gegründet in Stuttgart, wurde der Grundstein 1846 in Esslingen gelegt. Bereits ein Jahr später lieferte die Maschinenfabrik die erste Lokomotive aus.

Dabei waren die Vorbehalte gegen den Eisenbahnbau in der Bevölkerung groß. Man befürchtete die Feuergefahr der Dampfloks sowie die Entwertung von Grund und Boden aufgrund des Lärms, erwartete schlimme Unglücksfälle und hielt die Eisenbahn in einem Agrarland für entbehrlich.

Anfangs schien der kostenaufwändige Eisenbahnbau auch den Machthabern nicht rentabel. Die Württemberger waren arme Leute. Karge Böden, keine Bodenschätze, als politisches Leichtgewicht auf der Karte hatten sie sich kein Land unter den Nagel gerissen oder fette Beute gemacht, sondern waren gezwungen, ihren letzten Heller in Immobilien zu stecken. Der barocke Herzog Carl Eugen trug das Geld seiner Untertanen nicht zur Bank, sondern investierte ganz schwäbisch in hochwertige Immobilien, in die Schlösser Ludwigsburg, Hohenheim und Solitude. Leider ist es hier vergleichsweise hügelig. Da Eisenbahnen steile Hänge nicht so sehr mögen, ließ man sich etwas einfallen – wäre ja gelacht, im Musterland der Ingenieure.

Als dann noch der Transitverkehr Aussicht auf Gewinn versprach, wurden die ersten Schienen verlegt.

Schnell merkten auch die letzten Mostköpfe, dass sie von Dampflok und Co. nur profitieren konnten. **Justinus Kerner** dichtete 1852 wehmütig der alten Zeit hinterher: „Dampfschnaubend Tier seit du geboren / Die Poesie des Reisens flieht." Die Journalisten hingegen texteten: „Hurra, zur Erde Odins-Eiche / Auf deine große, grüne Leiche / mit ehernem Fuße tritt die Zeit / Ihr Atem schnaubt – der freie, frische / durch diese Berge, diese Büsche / Ein Drache, welcher Feuer speit", als der erste Baum fiel. Am 22. Oktober 1845 wurde die erste Teilstrecke zwischen Bad Cannstatt und Untertürkheim offiziell eröffnet. Das erste Zügle fuhr mit sagenhaften 24 Stundenkilometern, und das auch nur am heiligen Sonntag, nachmittags jeweils um 1, 2, 3 und 4 Uhr. Im Dreiklassensystem schaukelten die Ausflügler in vergnüglicher Atmosphäre Richtung Untertürkheim – die Blaskapelle an Bord gehörte zur Standardausstattung.

Stuttgarter Eisenbahngeschichten

Dabei hatten die Vorstädter wieder mal die Nase vorn, wie damals, als die Römer hier luxuriöse Planschbecken bauten, während die Stuttgarter im Kessel noch auf den Bäumen saßen, so erzählen es böse Lästerzungen heute noch. Das kleine **Bad Cannstatt** bekam die **erste württembergische Bahnstation**, und beinahe wäre der Stuttgarter Hauptbahnhof ebenfalls am Neckar angesiedelt worden. Man stelle sich vor, wie viel Geschrei um Stuttgart 21 man sich hätte sparen können. Weil Stuttgart schrecklich unpraktisch hinterm Berg liegt und man sich nach Schweizer Art erst durchs Gestein bohren musste, gab es seitens der Eisenbahnkommission den praktischen Vorschlag, hier

Griechische Götter haben die Reisenden am Cannstatter Bahnhof im Blick

einen Württembergischen Centralbahnhof zu errichten und den besiedelten Kessel mit einem schnöden kleinen Stichbähnle anzufahren. Das ließ sich die stolze Residenzstadt natürlich nicht bieten, obwohl die anspruchsvolle topografische Lage und der damalige Stand der Technik eher dagegensprachen. Das heutige Cannstatter Bahnhofsgebäude errichtete man während des Ersten Weltkriegs. Damals drängelten sich am Bahnhofsvorplatz vornehme Hotels sowie ebenso gebildete wie zahlungskräftige Kurgäste.

Zehn Jahre später fuhren bereits sieben Züge täglich auf der württembergischen Premierenstrecke. Heute sind es, ohne Güterzüge, rund um die Uhr mehr als 300. Bis 1846 war die **Zentralbahn** vollendet, die **Stuttgart** mit **Ludwigsburg** und **Esslingen** verband. Sie war auch die erste Linie, die 1933 in Württemberg elektrifiziert wurde. Wegen der kürzeren Strecke und der besseren Anbindung entschied man sich in der Folge für den Ausbau der Filstalstrecke. 1850 konnte man bereits bis Ulm fahren. Zwei Jahre zuvor war Stuttgart bereits an Heilbronn angeschlossen. 1853 kam Karlsruhe dazu, und damit war Stuttgart endgültig an das mittlerweile große deutsche Eisenbahnnetz angeschlossen. 1861 eröffneten zwei neue regionale Strecken, eine nach Tübingen und die Remsbahn von Cannstatt nach Waiblingen. Die **Gäubahn Richtung Süden** (1866–1879) mauserte sich mit den spektakulären Blicken auf den Talkessel schnell zur Panoramabahn. Mit dem Bau von Stuttgart 21 soll sie abgerissen werden, da dann die Züge vom Hauptbahnhof über den Flughafen weitergeleitet werden.

Seit Stuttgart einen Bahnhof hat, ist die Stadt auch **Tunnelstadt**. Der älteste Eisenbahntunnel Stuttgarts ist der viergleisige Pragtunnel nach Feuerbach, dessen erste Röhre bereits 1846 fertiggestellt wurde. Kurz darauf folgte der Rosensteintunnel. Die alte Röhre ist zugemauert. Heute fahren die Züge durch den 1912 angelegten Tunnel. Der **Kriegsbergtunnel** liegt auf der Strecke nach Böblingen, wie auch der folgende **Hasenbergtunnel** zwischen Stuttgart-West und Vaihingen. Knapp neun Kilometer und mit einer Steigung von bis zu 38 Promille – noch mehr als in Geislingen, der deutschen Hauptbahnstrecke mit der höchsten Steigung – bohrt sich heute der S-Bahn-Tunnel unter der Innenstadt hindurch.

Ein gleichermaßen praktisches wie historisches Relikt aus alten Eisenbahnertagen ist die sogenannte **Schusterbahn**, die seit 1896 Kornwestheim mit Untertürkheim verbindet. Anfangs waren es vor allem Badegäste, Wanderer und Ausflügler, die das „Zügle“ bis Untertürkheim nutzten. Güterverladung spielte eine untergeordnete Rolle, zumeist waren es landwirtschaftliche Erzeugnisse, die ihren Weg nach Stuttgart nahmen. Die gut elf Kilometer lange Umgehungsbahn lotst sinnigerweise alle Güterzüge um Stuttgart herum. Die **Salamanderwerke** in Kornwestheim gaben der Strecke ihren Namen. Bis dahin mussten alle Güterzüge im Stuttgarter Hauptbahnhof wenden – man stelle sich das heute vor.

Schon 1895 wurde der Güter- und Rangierbahnhof an der Prag mit einem Unterstand für 59 Lokomotiven eröffnet, der sich über eine Länge von mehr als zwei Kilometern entlang der heutigen Nordbahnhofstraße erstreckte, inklusive einer Verladestelle für die Fäkalienabfuhr. Die Eisenbahn war eine Erfolgsgeschichte. Sie beschleunigte die **Industrialisierung** in Stuttgart und gab vielen Menschen Arbeit, ob beim Bau oder bei der Bahn selbst. Rund um die Gleise wuchsen auch die Wohnviertel. Kaum hatte sich das neue Vehikel bewährt, wurde der Bahn eine Hymne gewidmet, die wohl jeder schon einmal voller Inbrunst mitgesungen hat. **„Auf der Schwäbischen Eisenbahn"**, deren Refrain trullatrullatrullala auch Kinder, alkoholisierte ebenso wie unmusikalische Zeitgenossen problemlos artikulieren können. Eigene Interpretationen des 27-Strophen-Epos lieferten Willy Reichert, natürlich die **Fischer-Chöre** und auch **Äffle und Pferdle.** Die Melodie geht auf ein Baseler Soldatenlied zurück, während der Text 1853 wohl zuerst im Kommersbuch der Tübinger Hochschule veröffentlicht wurde. Zu dieser Zeit war die echte Schwäbische Eisenbahn gerade einmal drei Jahre alt. Die Lokomotiven auf der durchgehenden Strecke von Stuttgart nach Friedrichshafen schuften bis heute an der Geislinger Steige, deren Überwindung zu der damaligen Zeit als technische Meisterleistung galt.

Steil, steiler, Geislingen

Dort, in Geislingen führte ursprünglich ein **alter Handelsweg** über die Schwäbische Alb. Bereits die **Römer** stapften hier gen Süden, dort wo auch Teile der B10 verlaufen. Der schnellste Eisenbahnweg führt bis heute über eine über fünf Kilometer lange Rampe, die einen Höhenunterschied von 112 Metern über-

Die Geislinger Steige: Gebirgsbahn auf der Schwäbischen Alb

windet. Die engsten Kurvenradien messen nur 278 Meter. Das klingt für den Laien nicht besonders eng, bedeutet aber, dass dieser Streckenabschnitt wie eine **Gebirgsbahn** trassiert ist. Die Höllentalbahn im Schwarzwald von Freiburg nach Donaueschingen ist zwar noch steiler und offiziell als Hauptbahnstrecke klassifiziert. Aber über die Filstalbahn läuft viel mehr Verkehr. Die Steigung zwischen Geislingen und Amstetten beträgt stolze 22,5 Promille. Damit gilt die 1850 eröffnete Trasse als erste Gebirgsquerung einer wichtigen Eisenbahnstrecke in Europa.

Der Betrieb war von Beginn an eine besondere Herausforderung. Eine Dampflokomotive alleine schaffte die Strecke nicht. Jeder Zug musste nachgeschoben werden. Dementsprechend groß sind die Bahnhöfe und Bahnbetriebswerke dimensioniert. Dass die **Geislinger Steige** gebaut wurde, lag an der territorialen Flickschusterei und an Bad Cannstatt. Die Strecke über die Alb verlief durchgehend auf württembergischem Staatsgebiet – ein Vorteil gegenüber der einfacheren Trassenführung durch die Täler von Rems, Kocher und Brenz nach Ulm. Hinzu kam, dass der Kurort mit den römischen Wurzeln im Gegensatz zu Stuttgart, das weit weg in der Talsenke lag, zu den bedeutendsten Postdurchgangsstationen gehörte. Außerdem war die Linie durchs Filstal einfach kürzer, basta.

Zuvor schlug man sich mit Gutachten und Krawallen herum, weshalb die Bauarbeiten deutlich länger dauerten als ursprünglich geplant. Professoren schlugen Seilzüge vor, um die Bahn über die Alb zu ziehen, und die schlecht bezahlten Bauarbeiter machten nicht immer so mit, wie vorgesehen. Dennoch bot die Riesenbaustelle rund 3000 Arbeitern Lohn und Brot. Die **älteste württembergische Aktiengesellschaft** geht auch auf den Bau der Geislinger Steige zurück. Die **WMF**, heute als Spezialistin für preisgekröntes Design rund um Küche und Kaffeemaschine bekannt, entstand aus der **Metallwarenfabrik Straub & Schweizer**. Der Geislinger Müller Daniel Straub hatte die Goldgrube an der Geislinger Steige gerochen und flugs eine Reparaturwerkstätte eingerichtet, die so gut lief, dass er 1850 gemeinsam mit den Brüdern und gelernten Metalldrückern Louis und Friedrich Schweizer die Maschinenfabrik Geislingen gründete. Sie stellte Mühlenturbinen her, die europaweit vertrieben wurden. Ein damals noch unbekannter Konstrukteur arbeitete drei Jahre lang, bis 1865, für die Geislinger – **Gottlieb Daimler**. 30 Jahre nach der Gründung fusionierten die Geislinger mit der Metallwarenfabrik Ritter & Co aus Esslingen. Die WMF war geboren. Rund eine Milliarde Euro Umsatz fährt das Unternehmen heute jährlich ein und ist eine Goldgrube geblieben. Eingefädelt hatte den Deal damals **Kilian Steiner**, der zu den bedeutendsten Finanzleuten im Königreich Württemberg gehörte. Mit seiner Stuttgart-Connection weiterer Finanzjong-

Die Kinobesucher sitzen mittendrin im ehemaligen Hauptbahnhof

leure hob er 1871 die Württembergische Notenbank sowie die Stuttgarter Gewerbekasse aus der Taufe und war auch an der Gründung der **Deutschen Bank** in Berlin beteiligt. Steiner mischte beim Bau der Anatolischen Eisenbahnen kräftig mit, einem wichtigen Abschnitt der strategisch bedeutenden späteren Bagdadbahn. Von dem Projekt profitierten mehrere württembergische Firmen, so etwa die Maschinenfabrik Esslingen.

Tief, tiefer, Endstation Stuttgart

Mit einer unglaublichen Höchstgeschwindigkeit von 70 Kilometern in der Stunde zischen die schnellsten Züge zu Beginn des dritten Jahrtausends den Geislinger Buckel hinauf – verständlich, dass dieses Nadelöhr aus einem anderen Zeitalter mit der geplanten Hochgeschwindigkeitsstrecke überwunden werden soll. Falls das Geld noch reicht, würden zwei Tunnels diesem bedeutenden Relikt aus der Kinderzeit der guten alten Eisenbahn endgültig den Garaus machen. Eine besondere Spezies wird dann wehmütig ihre Youtube-Videos hervorkramen. Die Train-Spotter auf der Schwäbischen Alb, die, den Kommentaren der Blogs nach zu urteilen, tiefe Gefühle für eiserne Ladys hegen, werden der Zeit nachtrauern, als die schweren Güterzüge noch keuchend, quietschend und ächzend im Schneckentempo den Berg hinaufgeschoben wurden.

Vision von Märklin: Bonatzbau ohne Seitenflügel

Die Planung und Ausführung des Streckenabschnitts lag unter anderem in den Händen von **Karl Etzel** (1812–1865). Der Stuttgarter war international gefragter Spezialist im Eisenbahn- und Brückenbau. Von ihm stammt die berühmte Bahn über den Brenner, und er baute 1846 den **ersten Stuttgarter Zentralbahnhof**. Die Endstation lag anfangs in der **Bolzstraße**. Man dampfte an einer Kaserne und einem Fabrikschlot direkt nach Stuttgart, knapp an der heutigen Königstraße vorbei. Mitten im heutigen **Metropol-Kino** hielten die Züge. Anfangs genügte eine bescheidene hölzerne Halle. Ab 1868 wurde es prächtiger.

Außen Neorenaissance, innen die Kuppelgewölbe einer Kathedrale, die der neuen Mobilität huldigte – so empfing Stuttgart seine Besucher bis 1922. Heute sitzen Stuttgarter Kinobesucher voll drin in der Eisenbahngeschichte. Teile davon sind heute noch sichtbar, und vom **Esslinger Schreiber-Verlag** gab es früher sogar ein Papiermodell zum Nachbauen. ⊙

Danach wurde der heutige Hauptbahnhof groß und ausladend gebaut. Mittlerweile sind ihm allerdings bereits die Flügel gestutzt worden, weil er unter die Erde soll. Ein Treppenwitz der Geschichte ist die Stuttgarter **Bahnhofsversion von Märklin**. ⊙ Ab 1938 war ein ebenso imposantes wie heute gesuchtes Blechmodell im Angebot, das aus heutiger Sicht prophetische Qualitäten aufweist. Aus Platz- und Kostengründen gab es damals nur eine Krüppelstation ohne die mittlerweile abgerissenen Seitenarme.

Noch spektakulärer als die Geislinger Steige gestaltet sich indes die geplante Tieferlegung des Stuttgarter Bahnhofs. **Stuttgart 21** ⊙ – die englische Übersetzung heißt übrigens **Blood Sweat and Tears** – bewegt die Gemüter wie wenig andere Themen. Kaum jemand weiß, dass die ganze Chose von cleveren Werbe- und Marketingstrategen angezettelt wurde, um Stuttgart weltweit bekannter zu machen. Schließlich ist die **Kreativwirtschaft** ⊙ im Land vom Umsatz gesehen so stark geworden, dass sie mit den klassischen Branchen Maschinen- und Automobilbau mittlerweile auf Augenhöhe steht. Welche Werbeagentur nun genau hinter der erfolgreichen Marketingkampagne steckt, will keiner zugeben, aber das spielt auch keine Rolle. Nun wunderten sich viele ob des Heißbluts und der Dickköpfigkeit der Schwaben, wie die streitbaren Württemberger meist in Unkenntnis der südwestdeutschen Geschichte bezeichnet werden. Allerortens gab und gibt es tiefschürfende Berichte über Stuttgart, das sich nunmehr endlich als „bekannt aus Film, Funk und Fernsehen"

Zwei tolle Kerle: Jim Knopf und Lukas der Lokomotivführer, auch als Theaterstück.

bezeichnen kann. Das komplette nichtschwäbische Ausland wundert sich seitdem über diesen Menschenschlag, den alle immer brav bei der Arbeit und dem Häuslebau wähnten, aber niemals beim Demonstrieren.

Eisenbahnen für kleine und große Kinder

Beinahe könnte man meinen, Stuttgart 21 sei die Fortsetzung der unendlichen Geschichte von Michael Ende, nur nicht ganz so friedlich. Seine Geschichten sind im Stuttgarter **Thienemann-Verlag** erschienen, darunter einer der Kinderbuchklassiker schlechthin: **Jim Knopf und Lukas der Lokomotivführer** erblickten 1960 hier das Licht der Welt. Die Abenteurer aus Lummerland machten das Werk zu einem der erfolgreichsten und beliebtesten Kinderbücher im deutschsprachigen Raum, das in Übersetzungen bis nach Israel, Japan und den USA verkauft wurde. Ach, wie war das schön, sich in den prähistorischen Fernsehunterhaltungszeiten ausnahmslos darum zu kümmern, nur ja keine Folge der Augsburger Puppenkiste zu verpassen, um den Spuren von Emma, Lukas' treuer Dampflokomotive, und später deren Tochter Molly – die vermutlich einzige Dampflokomotivengeburt des Planeten – zu folgen.

Eisenbahngeschichte gibt es überall. Wer an einer Nebenstrecke wohnt, kennt sie meist nicht – den Typ IIa, IIb oder IIIa. Dort finden sich noch viele der **württembergischen Einheitsbahnhöfe**, die einst ersonnen wurden, um Geld zu sparen. Von 1892 bis 1903 entstanden landesweit 59 genormte Bauten in penibel voneinander abgesetzten Varianten, mal nur mit kleinem Warte- und Dienstraum oder „Dienstgebäude mit einer Wohnung für den Vorstand". Der Typ IIIa mit großer Gaube, ein „Dienstgebäude mit je einer Wohnung für den Stationsmeister

Württembergischer Einheitsbahnhof mit Flair – hier in Wendlingen

und einen verheirateten Wärter“ finden sich heute noch in **Oberlenningen**, **Brackenheim**, in **Möhringen**, **Rudersberg** und **Welzheim**. Kleinere Modelle stehen in der Region noch in **Dettingen/Teck**, **Steinheim an der Murr** oder **Wendlingen** am Neckar. Die erste Nebenbahn in Württemberg war die von der Kirchheimer Eisenbahn-Gesellschaft 1864 errichtete Linie von Wendlingen nach Kirchheim/Teck. Damals hieß die Ausgangsstation noch **Unterboihingen**, das später eingemeindet wurde. Fuchsteufelswild waren die Unterboihinger, als daraufhin das alte Schild mit dem neuen Stationsnamen überpinselt wurde. Wer ehemals genau hinschaute, konnte noch schwach die Buchstaben in altdeutscher Schrift erkennen, die sich nicht hatten unterkriegen lassen und, als wär's zum Trotz, wieder zum Vorschein gekommen waren. Zu Beginn des 20. Jahrhunderts galten die Gebäude bereits als altbacken in ihrer Mischung aus Heimat- und alpenländischem **Chaletstil**. Der einzige für eine Hauptbahn erbaute Einheitsbahnhof ist in Stuttgart-Münster zu bewundern. Heute sieht man die historischen Bauten mit neuen Augen, und erhaltene Gebäude wurden liebevoll restauriert. In Wendlingen nutzt ein Lokal den Bahnhofscharme, in Rechberghausen hat sich ein kleines Theater eingenistet, in Wäschenbeuren ist im Bahnhofsgebäude der Kindergarten untergebracht. Die beiden Letzteren liegen an der ehemaligen **Hohenstaufenbahn**, die **Göppingen** mit **Schwäbisch Gmünd** verband. Dort zuckelten die Zügle mit allerhöchstens 60 Stundenkilometern über Berg und Tal. Auf dem größten Teil der ehemaligen Trasse, die 1912 eröffnet wurde, verläuft seit 1990 ein Fahrrad- und Wanderweg, entlang dessen immer wieder Relikte der ehemaligen Bahnstrecke zu sehen sind. Von manchen auch Panoramabahn genannt, setzte sich im Volksmund dann die Bezeichnung **Klepperle** in der Schwäbisch Gmünder Gegend und **Josefle** in der Göppinger Gegend durch.

Die Landschaft dort ist ja auch fast so schön und malerisch wie eine Modellbahnlandschaft, durch die elegante TEE-Züge sausen, Dampflokomotiven im Sonntagsstaat antreten und bullige Dieselloks Schwerstarbeit verrichten. Meistens sind sie von **Märklin**. Gibt es überhaupt andere Modellbahnfirmen? Das Göppinger Unternehmen ist legendär und weltbekannt. Wahrscheinlich kennen mehr Menschen auf diesem Planeten Märklin als Merkel. Wer einmal damit anfängt, kommt von dieser Droge, die Männern glänzende Augen verleiht, nicht mehr los, und die Blutgruppe der Modelleisenbahner wechselt auf H0. Dabei stellte das Unternehmen zuerst Spielzeugwelten für kleine Mädchen her. Als der Flaschnermeister Theodor Friedrich Wilhelm Märklin sein Unternehmen 1859 gründete, hatte er mit Eisenbahnen nichts am Hut. Er verdiente sein Geld mit Puppenküchen und Blechspielzeug. Nach dem frühen Tod ihres Mannes hielt **Caroline Märklin** die Firma über Wasser, indem sie als vermutlich erste handelsreisende Frau im Südwesten mit dem kleinen Sortiment über Land fuhr, um Kolonialwarenläden abzuklappern. Die erste Modell-Lokomotive, das legendäre „Storchenbein“ wurde zur Leipziger Ostermesse des Jahres 1891 vorgestellt – der Grundstein zum Welterfolg von Märklin. Dem Göppinger Unternehmen ist es zu verdanken, dass in dieser Zeit auch die Spurweiten vereinheitlicht wurden, die in ihren Grundzügen noch weltweit gelten. Auch die lange Zeit kleinste Eisenbahn der Welt, die **Mini-Club**, kam 1972 aus Göppingen. Doch die bekannteste Modellbahnmarke der Welt hätte sich vor einigen Jahren beinahe selbst weggeschossen. 2005 stand das Traditionsunternehmen kurz vor dem Konkurs. Eisenbahnfans aus aller Welt bekamen das Heulen und Zähneklappern, und Beobachter der Szenerie staunten, wie ein im Prinzip gesundes Unternehmen und eine exzellente Marke von ein paar Unternehmensberatern beinahe an die Wand gefahren worden wäre. Mittlerweile stehen die Weichen wieder auf Erfolg. Alle sind zufrieden, sowohl diejenigen, die einfach ihre Freude an der Miniaturwelt haben – die Spielbahner –, als auch die anderen, die das Vorbild so exakt wie möglich nachgebildet haben wollen – die sogenannten Nietenzähler. Auf den Spuren des Mythos wandeln die Besucher, die in den Räumen des **Märklin-Museums** einen Rundgang durch die Geschichte des Unternehmens und seiner weltweit begehrten Produkte erleben können. Um dem

Interesse der jährlich rund 200 000 Besucher besser gerecht zu werden, wurde das Museum ständig erweitert.

Die Faszination der Welt im Kleinen bedienen in der Region noch zwei weitere Anbieter. In **Merklingen auf der Alb** lockt die **Modellbahnshow** in Baugröße H0 – 1:87, die von sich behauptet, die schönste Modellbahnanlage Europas zu sein – und das ist noch nicht einmal vermessen, wenn man die Liebe zum Detail, auch außerhalb der Anlage, betrachtet. Eine kleinere und nicht kommerzielle, aber sehr liebevoll betreute Modelleisenbahn ist die PMW, die **private Modelleisenbahn Winnenden**. Es fing vor über 50 Jahren in einem großen Raum an, in dem fünf Freunde in den Wintermonaten ihre Modelleisenbahnen aufgebaut haben. Mit der Zeit wurde daraus ein Verein, und viele Mitglieder basteln, schreinern und werkeln heute an der Anlage, in der der Stuttgarter Fernsehturm, die Rätische Bahn und sogar die Berliner Mauer ihren Platz gefunden haben. Wie früher ist die Anlage nur wenige Wochen im Winter öffentlich zugänglich, und dann drängeln sich die Hobbyeisenbahner, fachsimpeln, begutachten Stellwerkspläne und was sich sonst Neues getan hat. Ohne die vielen liebevollen Modellbauten der Gebrüder **Faller** wären solche Anlagen nur halb so schön. Die Firma hat zwar in Gütenbach im Schwarzwald ihren Sitz, wurde aber 1946 in Stuttgart gegründet. Hermann Faller hat damals übrigens bei Bosch gearbeitet. Ihn und seinen Bruder Edwin zog es dann wieder ins Heimatdorf – dort gab es mehr Platz und Möglichkeiten als im zerbombten Stuttgart. Mit altehrwürdigen Dampfrössern und Waggons wie aus dem Bilderbuch lassen sich hingegen wunderbare Ausflüge in die Vergangenheit unternehmen. In der Region gibt es gleich drei fahrende Museen: Das **Sofabähnle**, das von **Nürtingen** nach **Neuffen** schnauft, den **Feurigen Elias**, der in altem Glanz von Zuffenhausen über **Korntal** nach **Weissach** dampft und

Nostalgie pur: Der Rote Flitzer brummt immer noch über die Schienen

oben auf der rauen Alb die längst stillgelegte Lokalbahn zwischen **Amstetten** und **Gerstetten**.

Roter Flitzer und tragische Figur

In der Wirtschaftswunderzeit rollten indes andere Gefährte über die Schienen. Eines der populärsten Fahrzeuge der Bahn war der **Rote Flitzer**, der – wer sich noch erinnert – mit ohrenbetäubendem Geknatter und atemberaubendem Ganzkörpervibrieren auf kürzeren Strecken unterwegs war. Am Ende einer Fahrt benötigten alle Organe mindestens eine halbe Stunde, um wieder ihren Normalzustand einzunehmen. Entschädigt wurden die Passagiere durch die Panoramaverglasung der Wagen. Von dem legendären Gefährt haben sich nur wenige Exemplare erhalten. Der **Förderverein Schienenbus e.V.** aus **Kornwest-**

heim hält dieses spezielle Kapitel der Bahngeschichte wach. In den 1950er- und 1960er-Jahren waren die Vehikel bereits auf Tagestouren zu interessanten Sehenswürdigkeiten unterwegs. Heute lassen sich die gepflegten Oldtimer mieten oder fahren zu lohnenswerten Zielen.

Ein anderer Triebwagen kommt teilweise noch heute zum Einsatz. Es ist der sogenannte **Esslinger Triebwagen**, der zu Beginn der 1950er-Jahre vor allem für Klein- und Privatbahnen entwickelt wurde und aus bestem Stall kam. Der Name leitet sich von der Maschinenfabrik Esslingen her. Die ME gehörte zu den legendären Lokomotivherstellern in Deutschland. 1846 gründete der Ingenieur **Emil Keßler**, der bereits in Karlsruhe eine Fabrik aufgebaut hatte, das Unternehmen in Stuttgart. Die Grundsteinlegung erfolgte dann allerdings in Esslingen, direkt an der Pliensaubrücke. Der württembergische König selbst gab den Anstoß dazu, eine unabhängige Eisenbahnindustrie zu schaffen. Schon zu Lebzeiten Keßlers lieferte das Unternehmen 800 Lokomotiven aus. Die Esslinger Schienenfahrzeuge waren beliebte Exportprodukte, die auch in Gebirgsregionen genügend Kraft hatten, um voranzukommen. So fertigte die Maschinenfabrik 1912 elektrisch betriebene Lokomotiven für die Wendelsteinbahn. Auch die Fahrzeuge der **Stuttgarter Standseilbahn** – augenzwinkernd **Erbschleicher-Express** genannt – die von Heslach zum Waldfriedhof fährt, stammen aus Esslingen. Und noch ein legendäres Vehikel lieferten die Ingenieure der ehemaligen freien Reichsstadt in die benachbarte Landeshauptstadt. Die Straßenbahnwagen des Typs GT 4 prägten ein halbes Jahrhundert lang das Stuttgarter Stadtbild. Die letzten wurden mit einer viel beachteten Abschlussfahrt, bei der hartgesottene **„Strambe“**-Nutzer das eine oder andere Tränchen vergossen, Ende 2007 ausgemustert. Die Maschinenfabrik, die die erste Lokomotive an die Württembergische Staatsbahn geliefert hatte, wurde 1965 von Daimler geschluckt. Der Automobilbauer steuerte goldenen Zeiten entgegen und nutzte – wie praktisch – die bereits vorhandenen Gießereianlagen in Mettingen für eigene Zwecke. Und die letzte, am 21. Oktober 1966 ausgelieferte Zahnrad-Dampflokomotive, die nach Indonesien reiste, dreht dort womöglich immer noch ihre Runden.

Eine tragische Figur in der Dampflok-Arena gibt es allerdings – **Friedrich List**, der **Hölderlin der Eisenbahner**. Der Vor- und Querdenker hatte wesentlichen Anteil an der Entwicklung der Eisenbahn im Land. Er war Demokrat und Reformer sowie Mitglied des baden-württembergischen Landtags und gehört zu den bedeutendsten deutschen Wirtschaftstheoretikern des 19. Jahrhunderts. List war auch als Unternehmer erfolgreich und gilt als Begründer der modernen Volkswirtschaftslehre. List warb für den Abbau der innerdeutschen Zollschranken und für den Eisenbahnbau, der seiner Meinung nach den Massentransport fördern, die Entwicklung der Arbeitsteilung und die Standortwahl gewerblicher Betriebe verbessern würde. 1824, elf Jahre bevor in Deutschland überhaupt der erste Zug rollte, hatte er Vorschläge zu einem Eisenbahnnetz für das Königreich Württemberg vorgelegt. Wie viele andere Denker und Freigeister war der Tübinger Professor auf der **Festung Hohenasperg** inhaftiert. 1846 beging er, zermürbt von vielen Kämpfen, Selbstmord – im selben Jahr, in dem die erste Dampflok in Stuttgart eingefahren war.

& conuersus uiuificasti me / & de abyssis terrae
iterum reduxisti me ;
Multiplicasti magnificentiam tuam /
& conuersus consolatus es me ;
Nam & ego confitebor tibi in uasis psalmi ueritatē
tuā ds̄. psallam tibi in cythara scs̄ israhel ;
Exultabunt labia mea cum cantauero tibi /
& anima mea quam redimisti ;

Sed & lingua mea tota die meditabitur
iustitiam tuā / cum confusi & reueriti
fuerint qui quaerunt mala mihi LXXI ; 72
PSALMUS DAUID UOX ECLESIE DE XPO
Ds iudicium tuū regi da /
& iusticiam tuam filio regis ;
Iudicare populū tuū in iustitia
& pauperes tuos in iudicio ;
Suscipiant montes pacē populo /
& colles iusticiam ;

Überirdisch

Hier in der Region war Bodenständigkeit immer schon modern. Dennoch hat das Jenseits viel Gewicht. Wo sonst gab es ein Klein-Jerusalem, wo sonst ist der Heilige Geist dem sündigen Leben so nahe, wo sonst gibt es überirdisch schöne Barockkirchen, wo sonst so viel geistvollen Whisky und wo sonst nehmen Bücher geradezu biblische Ausmaße an? Natürlich hier, in dem Land, dessen ehemals einflussreichster Pietist ausgerechnet Bengel hieß.

Stuttgart ist die **europäische Bibelhauptstadt**. In der Württembergischen Landesbibliothek stapeln sich mehr als 8000 Exemplare. Die Sammlung ist die größte in Europa und gehört zu den umfangreichsten weltweit. Herzog Carl Eugen kaufte einst zwei große Bibelsammlungen für seine öffentliche Bibliothek, die eine der führenden in Deutschland werden sollte. Sie bildeten den Ausgangspunkt für die riesige **Bibelsammlung**. 1765 wurde so auch der Grundstock für die heutige **Württembergische Landesbibliothek** gelegt. Carl Eugen kümmerte sich höchstpersönlich um den Bestandsausbau und war ständig in Sachen Bibliothek unterwegs. Weiteres kam aus den verschiedensten Quellen hinzu, wurde übernommen, getauscht oder geschenkt. In Stuttgart vermehren die Pflichtexemplare der Württembergischen Bibelgesellschaft den Bestand weiter.

Bunte Psalmen

In der Landesbibliothek findet sich auch eine einzigartige alte Handschrift. Aus einer Zeit, als der Buchdruck noch nicht erfunden war und nur Mönche und Adlige lesen und schreiben konnten, stammt der sogenannte **Stuttgarter Psalter**. Er ist um das Jahr 825 entstanden, allerdings nicht in Stuttgart, das damals nur eine kleine, unbedeutende Siedlung war. Das kostbare Buch wurde in der berühmten Abtei von Saint-Germain-des-Prés bei Paris von Hand gefertigt. Es besteht aus 168 Blättern, die mit ihren reichen Schmuckinitialen und Miniaturen in mehr als 470 Einzelszenen die bilderreichste Handschrift karolingischer Zeit bilden. Das Werk enthält die 150 Psalmen, die durch die Miniaturen nicht allein illustriert, sondern auch gedeutet werden.

Die farbenfrohe Ausschmückung ist **Karl dem Großen** (747–814 n. Chr.) zu verdanken, der als Erwachsener erst mühsam lesen und schreiben lernen musste, aber als König und Kaiser nach mehreren Jahrhunderten europäischen Chaos' seine Vision eines neuen Römischen Reiches durchsetzte. Er inszenierte sich in der Tradition römischer Kaiser und ließ im Bildungswesen, der Literatur und Baukunst antike Traditionen wieder aufleben. So geht der Stuttgarter Psalter auf überlieferte Bildmuster antiker Herkunft zurück. Die ausdrucksstarken Illustrationen zeigen immer wieder König David. Er gilt als Verfasser der Psalmen und wird ganz entspannt mit Kithara als einfacher Hirte dargestellt, umgeben von Widder, Schaf und Ziege. Das kostbare Manuskript befindet sich seit über 200 Jahren in der Württembergischen Landesbibliothek in Stuttgart. Nur wie das Stück den Weg dorthin gefunden hat, wissen selbst die Experten nicht.

Um dem Originalmanuskript näher kommen zu dürfen, das klimatisiert und wohlbehütet verwahrt wird, muss man mindestens ein ausgewiesener Forscher und Experte auf dem Gebiet mittelalterlicher Handschriften sein. Umso schöner ist es, dass heute jeder den Psalter online durchblättern kann. Er findet sich im **baden-württembergischen Landesarchiv (leo-bw.de)**. ⊙ Man mag ja gegen manches in unserem digitalisierten Zeitalter wettern, aber diese Internetseite bietet eine unglaublich interessante Fülle an Entdeckungen zur Landesgeschichte – gut gestaltet, mit hilfreichen Suchfunktionen und für mehr als nur 333 Entdeckungen gut, ganz bequem vom eigenen Sofa aus. Interessant ist auch, dass der Stuttgarter Psalter scheinbar zu den beliebtesten Quellen im **Living-History-Bereich** zählt, also auch für ⊙ Leute interessant ist, die das frühe Mittelalter nacherleben wollen, indem sie sich nach diesen Vorbildern kleiden.

Hätten die **Cannstatter** ihre **Stadtkirche** damals im 11. und ⊙ später im 15. Jahrhundert bloß nicht so groß und vor allem so modern ausgebaut! Als der württembergische Star- und Hausarchitekt Aberlin Jörg um 1480 die heute dreischiffige Hallenkirche plante, lag die Spätgotik im Trend. Dabei steht das Gotteshaus auf uralten Fundamenten, die rund 1200 Jahre auf den Quaderbuckeln haben. Würde das kleine Ursprungskirchlein noch stehen, hätte Stuttgart eine großartige Sehenswürdigkeit mehr im Programm und der Stuttgarter Psalter ein karolingisches Architekturpendant. Da der Grundriss der Fundamente identisch mit dem der berühmten **Einhardsbasilika** aus Steinbach (bei Michelstadt im Odenwald) ist und die Cannstatter Kirche neben einem karolingischen Königshof erbaut wurde, nehmen die Forscher an, dass Einhard, der Berater und Tausendsassa Karls des Großen, die Kirche in dessen Auftrag errichten ließ. So weht zumindest unter Tage der überirdische Hauch karolingischer Größe, und vielleicht ist das auch ganz gut so. Man stelle sich vor, unsere Vorfahren hätten bereits den Denkmalschutz erfunden, dann stünden überall Freilichtmuseen mit stilreinen Kirchen aller Epochen – genügend Raum zum Beten, aber kaum noch Platz zum Arbeiten und Leben. Die Cannstatter Stadtkirche hat den Zweiten Weltkrieg übrigens als einzige der vier großen gotischen Kirchen der Stadt unzerstört überstanden. Während in Archäologie und Kunstgeschichte viel geschätzt, gemutmaßt und interpretiert wird, hat es die **Johanneskirche in Gingen/Fils** – auch sie spätgotisch – in Stein gemeißelt, wie alt ihre Grundmauern mindestens sein müssen. Ein eingelassener Stein zeigt das Jahr 984 und gilt damit als **älteste datierte Kircheninschrift** im deutschsprachigen Raum.

Theologie trifft Botanik

Nicht allein farbige Blätter und alte Steine, auch bunte Blumen vermitteln Überirdisches. Die Pflanzensymbolik ist uralt. Ob

Unschuld, Reinheit, Macht, Größe oder Schönheit – in der Bibel sind viele Begriffe mit Blumen und Pflanzen verbunden. Dort werden etwa 110 Pflanzenarten namentlich erwähnt. Theologie trifft Botanik: Im alten Pfarrgarten hat die evangelische **Kirchengemeinde** in **Korb** im Frühjahr 2006 einen **Bibelgarten** angelegt und mit 66 der im Buch der Bücher genannten Pflanzen bestückt. Aus praktischen Gründen vor allem solche, die winterhart und pflegeleicht sind. Hinweistafeln bei jeder Pflanze stellen den Zusammenhang mit den entsprechenden Bibelstellen her. Gelber Kies auf den Wegen soll ein wenig das Gefühl für die Wüste des biblischen Israel vermitteln. Im Garten der evangelischen **Lukaskirche** in **Stuttgart-Ostheim** ist in den letzten Jahren ein Bibelgarten eingerichtet worden, in dem rund 50 biblische Pflanzen zu besichtigen sind. Zu jeder Pflanze gibt es ein Schild mit dem Text der dazugehörenden Bibelstelle. Auch im **Scharnhauser Park**, dort wo jahrzehntelang die Amerikaner ihre Zelte aufgeschlagen hatten und heute ein Vorzeigestadtteil entstanden ist, gibt es einen kleinen **Bibelgarten**, der sich auf dem Gelände der ehemaligen Landesgartenschau befindet und von der katholischen Kirchengemeinde initiiert wurde. Am Westrand in den Bürgergärten gelegen, ist der Bibelgarten in wenigen Gehminuten von der Stadtbahn U7 / U8 erreichbar.

Orient und Okzident

In der Region Stuttgart leben Menschen unterschiedlichster Herkunft und Religion. Neben Bibelgärten und Kirchen finden sich auch Bauwerke anderer Konfessionen. Die Pendler an der Bahnstrecke von Tübingen nach Stuttgart fahren jeden Tag daran vorbei. In der Nähe des Esslinger Bahnhofs erhebt sich ein prächtiges Gotteshaus, das man eher im Osten Europas ver-

Eine Esslinger Kirche: grandios und griechisch-orthodox

muten würde. Es ist die **größte griechisch-orthodoxe Kirche Europas** außerhalb Griechenlands. Das markante Gebäude im Stil einer byzantinischen Basilika steht seit 1995 direkt an der Bahnlinie Stuttgart–Ulm. Und wer hätte gedacht, dass die **griechisch-orthodoxe Gemeinde in Esslingen** mit ihren rund 5000 Mitgliedern eine der größten Europas außerhalb Griechenlands ist. Ein deutliches Zeichen friedlicher Koexistenz markiert die **Moschee** in der unmittelbaren Nachbarschaft der Basilika. Dort hat der **Türkisch Islamische Kulturverein e.V.** eine Moschee gebaut, die mit einer vergoldeten Kuppel über einem 440 Quadratmeter großen Gebetssaal und einem Minarett aufwartet, das 25 Meter hoch in den Himmel ragt. Solch einen repräsentativen Bau gibt es in Stuttgart nicht. Doch allein in den sechs Landkreisen der **Region** stehen um die **100 islamische Gotteshäuser**. Sie sind ein deutliches Bekenntnis der

Region und des Landes für die Toleranz gegenüber anderen Konfessionen und Kulturen, die in sehr vielen anderen Staaten dieser Erde nicht in derselben Weise verankert ist. Hier im Südwesten leben nach Angaben des Integrationsministeriums mehr als 600 000 Menschen islamischen Glaubens.

Besondere Größe zeigen auch zwei christliche Kirchen auf Stuttgarter Gemarkung. Die Landeshauptstadt hat weder Dom noch Münster, doch der Volksmund hat zwei Bauwerke einfach im Rang befördert. Es ist zum einen die Matthäuskirche, die 1876–1881 im neoromanischen Stil erbaut wurde. Aufgrund ihrer Größe, insbesondere der 44 m hohen Kuppel und ihrem 65 m hohen Turm, wurde sie bald als **Heslacher Dom** bezeichnet. Nur zwei Meter niedriger ist der Turm der von Christian F. Leins 1852–1855 erbauten, neugotischen **Martinskirche** in Stuttgart-Möhringen. Die Kirche wird wegen ihrer Größe – das Kirchenschiff mit Emporen bietet immerhin 1700 Sitzplätze – auch als **Filderdom** bezeichnet. Und wo steht die angeblich **größte Dorfkirche Europas**? Auch auf den Fildern. Weithin sichtbar erhebt sich in **Neuhausen** die **Pfarrkirche St. Petrus und Paulus**, erbaut 1850 – 1852, und nicht weit davon stehen die gläsernen Kathedralen des Flughafens, von denen aus Vielflieger wie Mallorcabomber himmelwärts stürmen.

Als Wallfahrtskirche der besonderen Art präsentiert sich die evangelische Stadtkirche St. Germanus in Stuttgart-Untertürkheim. Die **Josephswand** von **HAP Grieshaber** zieht regelmäßig nicht nur Gläubige, sondern viele Kunstinteressierte an. Bei einigen Flaschen Wein sollen sich 1969 der Kirchengemeinderat und der große Holzschneider von der Reutlinger Achalm auf ein monumentales Werk verständigt haben: Die alttestamentarische Josephsgeschichte, in 36 Linolplatten geschnitten und auf Japanpapier gedruckt. Das Prunkstück schmückt nun die 7 mal 9 Meter große Schiebewand, die den Kirchenraum in einen

Gemeindesaal und einen Gottesdienstraum teilt. Grieshaber bezeichnete das Opus als „der Welt größter Paravent“. Achtung beim Lesen – die Bildergeschichte beginnt nach hebräischer Lesart oben rechts und endet unten links. Die aus dem Mittelalter stammende Kirche ist auch wegen ihrer Wandmalereien aus dem 17. Jahrhundert einen Besuch wert und birgt eine kleine Kuriosität: die **„Untertürkheimer Bergpredigt“**. Der aus dem Ort stammende Maler Carl Schmauck hat Anfang des 20. Jahrhunderts auf dem Ölbild Bürger und Weingärtner des Ortes in die biblische Szene eingefügt.

Maulbronner Herrgottsbscheißerle

Religionen setzen Regeln, und die gilt es manchmal zu umgehen. Darin waren die Menschen immer schon gewitzt. Wenn es die Fastenzeit nicht gäbe, wäre die **Maultasche** womöglich nie erfunden worden. So wird erzählt, dass die Zisterzienser im Kloster Maulbronn während des Dreißigjährigen Krieges vor Ostern ein großes Stück Fleisch erhielten. Knitz, wie die Mönche waren, sollen sie das Geschenk klein gehackt und mit Kräutern und Spinat gemischt haben, um den Eindruck eines fleischlosen Mahles zu erwecken. Zur besseren Tarnung sei die Mischung schließlich in einem Nudelteig versteckt worden, der in kleine Portionen geteilt wurde – fertig waren die **„Herrgottsbscheißerle“**, wie sie im Volksmund augenzwinkernd genannt werden. Der Name Maultasche hätte sich demnach ursprünglich aus der Bezeichnung „Maulbronner Nudeltaschen“ abgeleitet. Das **Kloster** in **Maulbronn** steht auch auf der **UNESCO**-Liste der wichtigsten Kulturdenkmäler dieser Welt. Die gehaltvollen Teigtaschen sind längst nicht mehr nur vor Ostern begehrt. Eine Firma aus der Region Stuttgart, die **Bürger GmbH** aus

Der liebe Herrgott muss nicht alles wissen – deshalb gibt's Maultaschen

Ditzingen, darf sich den Orden ans Revers stecken, ihren Teil dazu beigetragen zu haben, dass die Teigtaschen nicht aussterben, denn die schwäbische Spezialität selbst herzustellen, erfordert viel Zeit. Daher greifen heutige Maultaschenliebhaber gerne auf die käuflichen Versionen zurück. Das Traditionsunternehmen aus Ditzingen, das in dritter Generation geführt wird, blickt mittlerweile auf 75 Jahre Unternehmensgeschichte zurück. Bürger hat bei der Maultaschenproduktion die Nase vorn, und längst gibt es neben der traditionellen Füllung auch ausgefallene Variationen, wofür die Fraktionen der Maultaschen-Fundamentalisten nur ein abfälliges Naserümpfen übrig haben. Sei's drum. Egal wie, ob bodenständig oder exotisch, ob selbst gemacht oder selbst gekauft. Die Dinger schmecken einfach lecker. Und was gut ist, verkauft sich auch ebenso. 500 Millionen Stück der schwäbischen Spezialität finden pro Jahr ihren Weg in hungrige Mäuler – bis ins ferne Japan.

Heute mag man es moderner und leuchtet den Gläubigen heim. Und schon wieder sind die Maultaschen im Spiel. Der

Pfarrer der katholischen **Johanneskirche** in **Möglingen** verspürte eines nachts Lust auf Maultaschen, just nachdem er an dem unweit leuchtenden Firmenschild von Bürger vorbeigefahren war, und fragte sich kurzerhand, weshalb die Erleuchteten im Dunkeln bleiben. So wurde 2008 das **erste beleuchtete LED-Kreuz in Deutschland** mithilfe von Spenden installiert und weist bis heute den Weg zum himmlischen Licht. Die Strahlkraft des drei Meter hohen und zwei Meter breiten weißen Kreuzes reicht bis hinüber zur Autobahn A81. Energiesparende LEDs schalten sich mit beginnender Dunkelheit automatisch ein und setzen ein Zeichen. Umgesetzt hat das ungewöhnliche Lichtobjekt die **Kreder Neon GmbH** aus Stuttgart, ein Traditionsbetrieb, der seit sechs Jahrzehnten neben hochkomplexer Leuchtwerbung, etwa den **Daimlerstern** in Möhringen oder das überirdische Blau am Stammsitz von **Festo** in Esslingen-Berkheim, auch zeitgenössische Lichtkunst umsetzt.

Metaphysik durch Farbe

Manchmal braucht es weder Religiosität noch himmlische Madonnen oder einen leidenden Christus, um vergeistigte Dinge zu erschaffen. Der Künstler **Adolf Hölzel**, der 1905 als Leiter der **Königlichen Akademie der bildenden Künste** nach Stuttgart kam, ist so einer. Der strenge Komponist von Farbe und Form hat sich selbst energisch dagegen verwahrt, ein Maler der Religion zu sein. Dennoch hat er viele Werke geschaffen, die etwas Überirdisches, Durchgeistigtes ausstrahlen. Viele seiner Bilder leuchten, zusammengesetzt aus abstrakten Formen in tiefgründigen Farben, wie die Glasfenster alter Kathedralen. „Der Geist des Kunstwerks liegt in der durchgeistigten Verwertung der Mittel“, formulierte Hölzel. Das sei das Metaphysische

Adolf Hölzel war der Abstraktion noch früher auf der Spur als Kandinsky

eines Kunstwerks, so der Maler. Hölzel war ein früher Protagonist der Abstraktion und Wegbereiter der Moderne. Beeinflusst von Goethes Farbenlehre, in der auch die Farbwahrnehmung und ihre Wirkung auf den Menschen eine große Rolle spielt, entwickelte er **abstrakte Farbflächen**. Der Künstler, der nie denselben Status hatte wie Kandinsky, hat das Geistige in die Kunst übertragen und vier Jahre vor **Wassily Kandinsky**, dem normalerweise die ersten vollkommen abstrakten Werke zugeordnet werden, eine Komposition in Rot (1905) geschaffen. „Mit aller Energie und Liebe tätig sein, denn Kunst ist Liebe, Energie und Tat gesteigert bis zur höchsten Leidenschaft für die Kunst und ihre seltsamen Wunder.“ Für das alte **Stuttgarter Rathaus** schuf

Hölzel **Glasfenster**, die im Krieg zerstört wurden. Dafür sind Fenster für das Treppenhaus der Firma **J. F. Maercklin** Stuttgart aus den Jahren 1933/34 teilweise erhalten und rekonstruiert. Sie sind im Besitz des Stuttgarter Kunstmuseums, das über die bedeutendste Hölzel-Sammlung verfügt. 2000 handschriftliche Notizen Hölzels, teils mit Zeichnungen, befinden sich in der Staatsgalerie Stuttgart. Der große Erfolg blieb Adolf Hölzel, der am 17. Oktober 1934 in Stuttgart starb, zeitlebens versagt. Begraben ist er auf dem **Waldfriedhof** Stuttgart. Aber der Künstler und beliebte Lehrer, der mit der Religion nichts zu tun haben wollte, hat viele Jünger um sich geschart, die ihrerseits die Kunstentwicklung geprägt haben. Dazu gehören **Max Ackermann**, **Willi Baumeister**, **Adolf Fleischmann**, **Johannes Itten**, **Ida Kerkovius**, **Otto Meyer-Amden**, **Oskar Schlemmer** und **Hermann Stenner**.

Heiliger Geist

Viel bodenständiger und dennoch himmelsnah geht es mitten in Stuttgart zu. Die **Leonhardskirche**, die den besten Blick auf das sündige Treiben dieser Welt hat, ist dem Heiligen Geist, symbolisch gesehen, näher als andere Gotteshäuser. In der Dreifaltigkeit Gottes symbolisiert die weiße Taube den Heiligen Geist, der über allem schwebt. Während die gemeine Stadttaube nur noch in Venedig gehegt und gepflegt wird, ist sie in allen anderen Zivilisationen zur Persona non grata erklärt worden, weil sie überall himmlische Botschaften hinterlässt, die niemand recht entziffern kann. Aber die Christen fast aller Kirchen feiern Pfingsten als den Tag, an dem der Heilige Geist auf die Jünger Jesu ausgegossen wurde. Was also tun, um das Zusammenleben zwischen Mensch und Taube wiederzubeleben?

Leonhardskirche Stuttgart – dem Heiligen Geist noch näher als anderswo

Anstatt die himmlischen Geister als Quälgeister zu behandeln, traf die evangelische Leonhardsgemeinde eine salomonische Entscheidung. Ihre Kirche, deren Turm dem benachbarten Rotlichtviertel – ach, du lieber Gott, der kleinstädtische Sündenpfuhl ist doch kaum der Rede wert – in den Ausschnitt schaut, trägt seit dem Jahr 2009 einen **Taubenschlag** auf ihrem Haupt. Auf Initiative eines Kirchengemeinderats, der sich dem Tierschutz verpflichtet fühlte, erhielten die verfolgten Tauben Asyl in der Leonhardskirche. Die **Anfänge des Tierschutzes in Baden-Württemberg** gehen noch dazu auf zwei Pfarrer zurück, die beide vor anderthalb Jahrhunderten an der Leonhardskirche gewirkt haben. Der **Stadtpfarrer Christian Adam Dann** (1758–1837) hat in seinen Predigten die Sache der stummen Kreatur vertreten wie auch Tierquäler ins Kirchengebet eingeschlossen. 1822 verfasste er eine Schrift, in der die bis heute wesentlichen Forderungen und Bestrebungen des Tierschutzes niedergelegt sind. Der Stadtpfarrer und **Dichter Albert Knapp** (1798–1864) hat am 17. Juni 1937 in Stuttgart den ersten Tierschutzverein in Deutschland gegründet. Zu viel Heiliger Geist ist dennoch unerwünscht. Die gelegten Eier werden durch Gipsduplikate ersetzt und die braven Tauben arglistig getäuscht. Wehe, wer künftig angesichts einer Taube noch von den Ratten der Lüfte höhnen sollte. Er sollte sich hüten, vor allem, wenn es sich um ein schneeweißes Exemplar mit Strahlenkranz handelt.

Teure Damen und edle Märtyrerinnen

Hier schätzt man sanfte Tauben, dort die holde Weiblichkeit. Rund um Stuttgart ist eine Frau wirklich etwas wert. Vor allem, wenn es sich um eine ältere Dame handelt, die sich gut gehalten hat und mit engelsgleichen Gesichtszügen bezaubert. Diese hatten es einem nicht ganz so reifen, aber gut betuchten Herrn angetan. Er kaufte sich kurzerhand für geschätzte **60 Millionen Euro** eine 500 Jahre alte Madonna. Nein, er hat keine Schraube locker, sondern **Reinhold Würth** hat viele, viele davon verkauft und Milliarden damit verdient. So kommt es nun, dass seit Januar 2012 eines der teuersten Kunstwerke Deutschlands nur ein paar Hügelrücken von Stuttgart entfernt, in **Schwäbisch Hall**, seine Heimat hat. Der Laie staunte und die Kunstwelt noch mehr. Es war ein echter Coup, den der Schraubenfabrikant und Kunstsammler Würth da gelandet hatte, als er die sogenannte **Schutzmantelmadonna**, ein Gemälde von Hans Holbein dem

Jüngeren aus dem 16. Jahrhundert, mal eben so gekauft hatte wie andere einen Privatjet oder ein Leberkäsweckle. Und gut, dass die adelige Erbengemeinschaft des Hauses Hessen lieber viel buntes Geld statt wenig bemaltes Holz wollte und nun wahrscheinlich in Champagner badet. Nach dem Gemälde hätte sich auch jedes Museum von Weltrang die Finger geleckt. 14 000 Werke aus allen Epochen umfasst die **Sammlung Würth** mittlerweile. Die Madonna des Bürgermeisters Jacob Meyer zum Hasen – so der offizielle Titel – ist das Glanzstück in der Dauerausstellung Alte Meister der Sammlung Würth, das in der zum Museum umfunktionierten Johanniterkirche aus dem 12. Jahrhundert präsentiert wird.

Frauen schreiben Geschichte, ob Madonna oder Märtyrerin. Am Rande des Schurwalds gibt es einen Aussichtspunkt mit spektakulärer Sicht. Auf einer Anhöhe über dem Esslinger Stadtteil Rüdern ragt der **Aussichtsturm Katharinenlinde** auf. Doch was, um Himmels willen, hat die **Heilige Katharina von Alexandrien** mit Esslingen zu tun? Der Sage nach floh sie, die wegen ihres christlichen Glaubens verfolgt wurde, bis hierher. Der römische Kaiser ließ Katharina hinrichten. Auf ihrem Grab soll auf eine letzte Bitte von ihr eine Linde mit den Wurzeln nach oben gepflanzt worden sein. Der Baum wuchs an und bestätigte so die Richtigkeit des christlichen Glaubens. Der Katharinenlindenturm, der erst 1957 erbaut wurde, erinnert an diese Sage. Wer glaubt, wird selig, spricht der Volksmund, und wer schaut, wird es vielleicht auch. Von dort oben ergeben sich großartige Ausblicke auf die Höhenzüge südlich des Stuttgarter Talkessels sowie rund um Esslingen und bis zur Schwäbischen Alb. Wäre Katharina heute hier, würde sie sich über das Panorama des dicht besiedelten Neckartals mit seinen Industrieanlagen wundern. Dahinter erheben sich die Höhen mit Fernsehturm und Fernmeldeturm rechter Hand. Gaisburg zeigt seine Wahrzeichen, das Kohlekraftwerk und den Gaskessel. Romantiker runzeln die Stirn, aber nur von Gedichten lässt es sich eben schlecht leben.

Nirgendwo in der Region Stuttgart gibt es übrigens so viele Wallfahrtskirchen wie im Landkreis Göppingen. Hier befanden sich einige Enklaven, die bis 1806 zum katholischen Kurbayern und Fürstenberg gehörten.Und kaum einer kennt es, das katholische Teufelszeug im Pietistenland. Wem Oberschwaben zu weit und die Wieskirche zu dekoriert ist, der besucht lieber die ⊙ **Kirche Ave Maria im Oberen Filstal bei Deggingen**. Von der Ausfahrt Mühlhausen an der A8 Richtung München ist sie in wenigen Minuten erreichbar. Die zauberhafte Wallfahrtskirche liegt zwischen Streuobstwiesen und Wald auf einer Anhöhe über dem Tal und bietet Idylle im Reinformat. Reiche Stuckornamentik und kunstvolle Gemälde prägen dieses Kleinod des deutschen Spätbarock aus den Jahren 1716 bis 1718. Das Deckenfresko stammt vom schwäbischen Barockmaler **Josef Wannenmacher** (1722–1770), der in seiner Zeit hochgeschätzt war. Er hat in zahlreichen Kirchen und Klöstern im südwestdeutschen Raum und der Schweiz gearbeitet. Ein Kreuzweg mit 14 Stationen führt vom Degginger Ortsrand hinauf zur Kirche. Bei der Kirche beginnt der ausgeschilderte Franziskuspfad, der zu weiteren religiösen Bauten und Schauplätzen in der Umgebung der Kirche führt. 200 Meter oberhalb der heutigen Barockkirche steht der älteste, steingemauerte Zeuge, die Kapelle „Alt Ave". Seit den 1950er- Jahren wird jährlich zu Beginn der Adventszeit ⊙ in der Kirche eine **riesige Weihnachtskrippe** aufgebaut, die bis in den Januar hinein zu besichtigen ist. Die prächtige, aus vielen filigranen Details bestehende Krippe besteht überwiegend aus Naturmaterialien. 40 handgefertigte Figuren beleben die aufwändige Szenerie. Mitten durch die Krippenlandschaft fließt ein Bach, der im Vordergrund der Anlage in einen kleinen See mündet, in dem Goldfische ihre Kreise ziehen – mehr Weihnachts-

Barocke Leichtigkeit im pietistischen Württemberg: Klosterkirche Deggingen

romantik geht nicht. Württemberger Barock gibt es nicht, aber schwäbischen Barock umso mehr. Während die strengen Reformatoren Bilder und Genussfreude aus dem irdischen Leben verbannten, hielt man in den katholischen Enklaven die Fahne des bunten Lebens hoch. Die **Wallfahrtskirche in Birenbach** aus dem Jahr 1698 ist ein weiteres Schmuckstück dieser Art. Das Gnadenbild der Schmerzhaften Mutter Gottes, nach der die Kirche benannt ist, entstand gegen Ende des 15. Jahrhunderts. Klein und schnuckelig präsentiert sich der Saalbau in Kreuzform. Der Hochaltar ist reich mit typischen Motiven des bäuerlichen Lebens geschmückt. Die typischen Pastellfarben außen wie innen und die verschnörkelte Ausstattung, die immer ein wenig an überzuckertes Naschwerk erinnert, machen die Kirche zu einer der schönsten ihrer Art im Baustil des Bauernbarock.

Senf aus Klein-Jerusalem

Obwohl die Autobahn nur wenige Meter entfernt verläuft, liegt die **Denkendorfer Klosterkirche** auf einer Bergnase immer noch so idyllisch da wie vor 800 Jahren, als die dreischiffige Basilika über dem Körschtal errichtet wurde. Reizvoll ist die Gesamtanlage mit Maierhof, Klosterhof, einem kleinen See, dem Fruchtkasten, der Pfarrscheuer. Die Autokolonnen, die täglich über das Denkendorfer Viadukt brettern, ahnen nicht, dass sich unter ihnen einmal eine Art geklontes Jerusalem befunden hat. Prinzipiell brauchte es dafür ein paar passende Reliquien und den richtigen Stifter. Auf dem heutigen Klosterberg oberhalb des Körschtals entstand zwischen 1050 und 1100 eine Kirche, die dem heiligen Pelagius geweiht war. Sie genoss königliche Schutzrechte, die von den deutschen Herrschern des Mittelalters immer wieder bestätigt wurden. Dann tat der Ortsherr von Denkendorf, der Besitzer der Kirche, etwas Folgenschweres. Er pilgerte 1128 nach Jerusalem und stiftete seine Kirche dem Chorherrenorden vom **Heiligen Grab**, der dem Patriarchen von Jerusalem unterstand. So entstand in der schwäbischen Provinz eine **Niederlassung des Jerusalemer Ordens**. Um die Verbundenheit mit ihrer Mutterkirche, der Grabeskirche in Jerusalem, auszudrücken, bildete man in der Krypta das leere Grab Christi nach. Dort feierten die Ordensbrüder wie im fernen Jerusalem den Tod und die Auferstehung Jesu mit einer genau festgelegten Liturgie, mit aufwändigen Prozessionen wie auch Stationsgottesdiensten. Schleunigst schickte man auch die benötigten Reliquien aus dem Heiligen Land ins bodenständige Denkendorf. In

Ein Kreuz aus Palästina für das Kloster Denkendorf

einem **Doppelkreuz**, das wahrscheinlich aus Palästina stammt, waren sowohl Splitter vom Heiligen Grab als auch ein Span vom Kreuzesholz eingefasst. Das Reliquiar befindet sich heute im **Landesmuseum Württemberg** in Stuttgart. Ohne Reliquien, die, seien sie noch so winzig, ihre Kraft auf den Menschen übertragen sollten, wäre die ganze Aktion nichts wert gewesen. Das Prinzip ist dasselbe wie heute der sehnsüchtige Blick auf Luxusmarken. Pappt das richtige Logo auf der Handtasche oder der Kleidung, überträgt sich die Kraft des Glamours und des Geldes auf den Träger. Der Glaube machts.

Als Jerusalem nach 1244 in muslimische Hände kam, fielen alle Pilgerreisen aus und die Denkendorfer Klosterkirche nahm die Rolle des Originals ein. Kraft ihrer Reliquien wurde sie mehrere Jahrhunderte lang zu einem Stückchen des Heiligen Landes. Für eine **Pilgerfahrt** zu der um 1200 erbauten Klosterkirche erhielten die Gläubigen in dieser Zeit denselben Ablass wie für einen Besuch des Heiligen Grabes in Jerusalem, daher wurde Denkendorf auch **Klein-Jerusalem** genannt. 1535 war allerdings Schluss mit der Pilgerei und dem Geldverdienen. Die Reformation kehrte die katholischen Geschäfte kräftig aus und die Chorherren vom Heiligen Grabe in Württemberg wurden arbeitslos. Aber in Denkendorf war immer etwas los. 1556 wurde in den Gebäuden eine evangelische **Klosterschule** eingerichtet. Ab 1713 schwang Johann Albrecht Bengel, der den Württemberger Pietismus in höchster Dosierung verabreichte, sein Zepter. Der berühmteste Schüler war **Friedrich Hölderlin**, der allerdings erst später wahnsinnig wurde. Von 1830 bis 1907 wurde in den heiligen Hallen Geld verdient. Die Firma Kauffmann stellte hier ihren **Klostersenf** her. Friedrich Kauffmann war der erste Arbeitgeber in Denkendorf, der Arbeitsplätze außerhalb der Landwirtschaft zur Verfügung stellte. Er wollte auch die Anbindung des Ortes ans Eisenbahnnetz. Als das nicht gelang, zog er nach Ebersbach um. Die Marke Kauffmann gibt es heute noch. Sie wurde an ein norddeutsches Imperium für Sauerkonserven verkauft. Ab 1907 folgte eine Präparandenanstalt für künftige Lehrer, dann ein Volkshochschulheim für Mädchen. Von 1934 ab nutzten nationalsozialistische Institutionen das Kloster als Frauenschullager, Kindergarten und NSDAP-Ortsgruppenbüro. Nach dem Krieg war es bis 1949 Zufluchtstätte für Heimatvertriebene. Von 1950 bis 2011 war das Gebäude der Fortbildung innerhalb der evangelischen Kirche gewidmet und Jerusalem – ja, das lässt sich in unseren Tagen wieder etwas leichter erreichen.

Denkendorf hatte sein Jerusalem, in Stuttgart gibt es sogar eine **Himmelsleiter** – im übertragenen Sinne. Seit 2005 bilden die Nachbargemeinden Rot, Freiberg, Mönchfeld und Zazenhausen die Evangelische Gesamtkirchengemeinde Himmelsleiter, die ihren Namen nach einer alten Gewannbezeichnung erhielt. Der Weg in den Himmel ist weit, und jeder Koch bietet seine eigenen Rezepte dazu. Dass der wichtigste Kirchenmann des Pietismus ausgerechnet Bengel hieß – nun ja, ein Schelm, wer Böses dabei denkt. **Johann Albrecht Bengel** (1687–1752) aus **Winnenden** studierte von 1703 bis 1706 an der Universität Tübingen. Im Kloster Denkendorf beeinflusste er zwei Generationen von Schülern, die als pietistische Pfarrer große Wirkung innerhalb der Landeskirche entfalteten. Der strenge Bengel gilt als der wichtigste württembergische Pietist des 18. Jahrhunderts. Gleichzeitig beschäftigte er sich mit Endzeittheorien. Andere Kollegen von ihm glaubten an die persönliche Wiederkunft Christi im Jahre 1836. Als im frühen 19. Jahrhundert Missernten die Menschen in Württemberg an den Rand ihrer Existenz brachten, schienen sich solche Erwartungen zu erfüllen. Viele wanderten in den Kaukasus aus. Der Grund dafür lässt heute nur Kopfschütteln zu. Da Palästina wegen der osmanischen Herrschaft nicht zugänglich war, wollten die Gläubigen dem wiederkommenden Christus wenigstens ein Stück weit gen Osten entgegenziehen.

Mechanik, Pietismus und die Katholiken

Wo ist es möglich, gleichzeitig Pfarrer und Ingenieur zu sein? In Württemberg werden die himmlischen wie irdischen Sphären kurzerhand miteinander verbunden. Das beste Beispiel dafür liefert **Philipp Matthäus Hahn** (1739–1790). Als Pfarrerssohn kam er am Pietismus nicht vorbei. Allerdings interessierte er sich auch für Philosophie und Malerei. Tausendsassa Hahn studierte Theologie, entwarf autodidaktisch hoch komplizierte feinmechanische Instrumente und veröffentlichte noch dazu theologische Bücher wie auch technische Publikationen und führte als Ergänzung zum Gottesdienst eine Erbauungsstunde

Eine runde Sache: Die Rechenmaschine von Philipp Matthäus Hahn

ein. 1739 wurde Hahn in Scharnhausen geboren. Der kleine Bub interessierte sich früh für Astronomie und Mechanik. Er war auf der Lateinschule in Esslingen, besuchte die Nürtinger Vorbereitungsschule für die niedere Geistlichkeit und entwickelte in dieser Zeit autodidaktisch eigene **Sonnenuhren**. Sein Vater wurde wegen Trunkenheit auf die raue Alb, nach Onstmettingen, strafversetzt. Der Pfarrerssohn musste sich folglich in seiner Tübinger Studienzeit selbst durchschlagen. Aber das fiel dem Hochbegabten nicht schwer. Er verkaufte selbst konstruierte Sonnenuhren. Auch seine hoch komplizierten **Weltzeit-, Sonnen- und Taschenuhren, Neigungswaagen** und seine funktionierende elfstellige **Rechenmaschine** – das Landesmuseum Württemberg in Stuttgart besitzt eines dieser Exemplare – machten ihn bekannt. Nach dem Studium arbeitete er in Lorch als Hauslehrer. 1764 wurde er selbst Pfarrer in Onstmettingen, einem heutigen Stadtteil von Albstadt. Hier entstanden seine ersten Neigungswaagen, die ohne Gewichte funktionieren, und seine **„Weltmaschinen"**. Bei den Weltmaschinen handelt es sich um eine Uhr mit Kalender, die die Zeit bis zur Apokalypse anzeigt. Hahn entwarf Himmelsmaschinen, die astronomische Indikationen anzeigten, dazu Taschenuhren, Thermometer, Barometer, hydrostatische Waagen und sogar tragbare Sonnenuhren. Sie machten ihn als Mechanikerpfarrer weit über den Kreis hinaus bekannt und berühmt. Mit seiner Erfindung der gewichtslosen Neigungswaage legte er den Grundstein für die im heutigen Neckar-Alb-Gebiet bedeutsame Waagen- und feinmechanische Industrie, die weltweit Rang und Namen genießt. Natürlich wurde der württembergische Herzog schnell auf ihn aufmerksam. Carl Eugen muss ihn sehr bewundert haben. Der absolutistische Landesvater bettete den Uhrmacher Gottes – so nannte er ihn tatsächlich – wahrlich auf Rosen, und Hahn nutzte das weidlich aus. Er schlug eine angebotene Tübinger Professorenstelle in Mathematik aus und setzte sich lieber auf eine, eigens für ihn hoch dotierte Pfarrstelle, erst in **Kornwestheim**, dann in Echterdingen. So konnte der umtriebige Pfarrer sowohl seine theologischen als auch technischen Gelüste ausleben. Seit 1989 gibt es in Albstadt die Philipp Matthäus Hahn Stiftung, die an begabte Studierende vor Ort Stipendien vergibt.

Spielen Katholiken überhaupt eine Rolle in der Region Stuttgart? Lange Zeit mussten sie sich den evangelischen Landesherren beugen, aber diese Praktiken waren ja überall üblich. Wer anderen Göttern frönt, durfte damals wie heute je nach Weltkartenkoordinaten schon froh sein, einigermaßen heil durch den Alltag zu kommen. Was den Vatikan betrifft, der ist weit weg von Württemberg. Doch siehe da, seine wichtigste Postille lässt das Zentrum der katholischen Macht im pietistischen Kernland produzieren. Der **L'Osservatore Romano** ist die offizielle Wochenzeitung des Papstes und wird seit 1986 im **Schwaben-**

verlag in **Ostfildern** gedruckt. Der Verlag gehört mit seiner über 150 Jahre währenden Geschichte zu den traditionsreichsten Verlags- und Druckunternehmen in Baden-Württemberg.

Da Württemberg seit altersher protestantisch war, haben im Stadtbild evangelische Kirchen das Sagen. Noch heute ist die **katholische Domkirche St. Eberhard** leicht zu übersehen, obwohl sie mitten in der Stuttgarter Fußgängerzone liegt, eingezwängt zwischen einem Konsumtempel zu ihrer Linken und einem Institut, das mit Zinsen sein Geld verdient. Die Geschichte dieses Kirchenbaus ist bemerkenswert. Sie beginnt auf der **Solitude**. Dort stand neben dem Schloss die evangelische Hofkirche. König Friedrich I. ließ sie 1808 abbauen und versetzte sie an den neuen Standort in der unteren Königstraße. Erst nach dem **Religionserlass von 1806** waren die Katholiken den Evangelen gleichgestellt. Zuvor mussten sie sich in privaten Betsälen treffen. Nun hatten sie eine repräsentative Stadtkirche. Ein bisschen fies war es allerings, dass der evangelische König Friedrich I. den Namen der Kirche aussuchte. Ihm fiel kein prominenter Heiliger ein, nein, er wählte „Eberhard" als Erinnerung an seinen Vorfahren Eberhard im Barte, der das württembergische Herzogtum begründet hatte. Die Not war groß, einen Heiligen desselben Namens zu finden. Da es aber für jedes Problem eine Lösung gibt, ist St. Eberhard heute die einzige Kirche auf der Welt, die den Erzbischof Eberhard von Salzburg zum Patron hat.

Wer sich Wunder erhofft, pilgert zu den bekannten Wallfahrtsorten in Europa. Doch wozu in die Ferne schweifen, denn die **Lourdes-Grotte** liegt so nah. In **Treffelhausen**, einem Ortsteil der Gemeinde Böhmenkirch im Landkreis Göppingen, befindet sich eine kleine künstliche Grotte. In der Stützmauer unterhalb der **Sankt-Vitus-Kirche** stehen, wie es sich gehört, eine Statue der Muttergottes und eine von Bernadette, dem kleinen Hirtenmädchen, das in den Pyrenäen überirdische Erscheinungen erlebte, die aus dem Städtchen Lourdes einen megalomanischen Wallfahrtsort machten. Wer es also beschaulicher mag, begibt sich auf eine kleine Wochenendwallfahrt in den östlichen Hemisphären der Region, getreu des Credos „Ex oriente lux" – ob nun erleuchtet oder nicht – die Sonne geht auf jeden Fall im Osten auf.

Es braucht nicht immer die katholische Kirche dazu, um Wunder wahr werden zu lassen. Manchmal reicht auch nur ein verrückter Graf, der gerne mal in die Luft geht, ein Schnurrbart-Kaiser, der am liebsten große Schiffchen schwimmen lässt, und ein ordentlicher Wind. Die Rede ist zuerst von **Ferdinand Graf von Zeppelin**, der mit seinen futuristischen Luftschiffen eine öffentliche Begeisterung sondergleichen auslöste. Er war am 1. Juli 1908 von Friedrichshafen zu einer 12-stündigen Fahrt aufgebrochen, die alle bisherigen Luftfahrtrekorde hinter sich ließ. Damit wollte der ehrgeizige Zeppelin erreichen, dass die eher zurückhaltende preußisch-deutsche Militärverwaltung den Luftschiffbau finanziell fördern würde. Aufgrund eines Motorschadens musste die Riesenzigarre am 5. August unerwartet in **Echterdingen** landen. Der unerwartete Zwischenstopp verbreitete sich wie ein Lauffeuer durch Stuttgart und führte zu einem Menschenauflauf, vergleichbar mit den legendären Auftritten der Beatles oder von Michael Jackson. Die Leute strömten aufs Echterdinger Feld – Riesenparty machen ging damals auch ohne Facebook. Das Leben stand still. Die Geschäfte und Betriebe in Stuttgart schlossen ihre Tore, und begeisterte Menschenmassen pilgerten zu Fuß oder mit vollkommen überlasteten Sonderzügen der Filderbahn nach Echterdingen. Das württembergische Militär hatte die Landestelle abgesperrt. Das Ganze glich einem Volksfest. Zeitgenossen schätzten, dass sich bis zu 100 000 Schaulustige versammelt hatten, um den Zeppelin aus der Nähe zu begaffen und dessen Namensgeber zu feiern. Alles wäre gut gewesen, wenn nicht eine Böe das Luftschiff aus seiner Verankerung gerissen hätte. Der ausströmende und hochgefährliche Wasserstoff entzündete sich und und das legendäre Flugobjekt brannte wie Zunder. Der Schock saß tief, denn Zeppelin hatte beinahe sein gesamtes privates Vermögen in seinen Traum vom Fliegen investiert. Doch dann geschah das Wunder. Eigentlich waren es ihrer zwei. Die als sparsam verschrienen Schwaben öffneten die zugenähte Geldbörse und begannen wie verrückt zu spenden, damit Zeppelin weitermachen konnte. Es war keineswegs nur die begüterte Bürgerschaft, auch viele Leute, die selbst kaum genug Geld hatten, um über die Runden zu kommen, gaben einen kleinen Obolus. Die Spendenbereitschaft der Stuttgarter erfasste danach ganz Deutschland. Nun kommt der Auftritt des Kaisers und Wunder Numero zwei. Wilhelm Zwo konnte sich durch dieses **„Wunder von Echterdingen“** dem Charisma der Zeppeline nicht mehr entziehen. So stellte er sich symbolisch an die Spitze der Spender und leistete einen Beitrag von 10 000 Mark an den nationalen Luftschiffbaufonds für Graf von Zeppelin. Der deutsche Kaiser, der bekannt dafür war, lieber in Schiffe zu investieren, um auch mal wie die englische Verwandtschaft ein bissle mit Bootle zu spielen, beugte sich vor Graf Zeppelin, dem oft hinterrücks geschmähten „Narren vom Bodensee“ und seinem Traum vom Fliegen.

Schluss mit dem Kult. Auf so viel überirdisch Gutes, Schönes und Staunenswertes aus der Region stößt man am besten mit etwas Hochgeistigem an – etwa einem guten **schwäbischen Whisky**. In der Stuttgarter Region umschmeicheln längst nicht mehr nur Trollinger und Obstbrände den Gaumen, sondern richtig guter Whisky. Viele kleine, aber feine Brennereien sorgen für den richtigen Geist – den der Qualität und des guten Geschmacks. So haben die Schwaben, außer der sprichwörtlichen

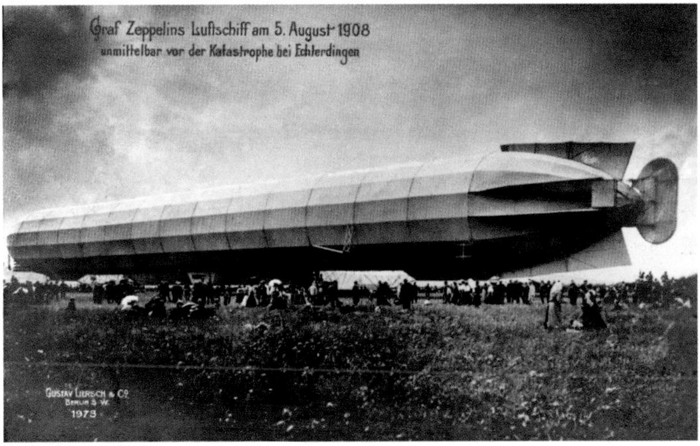

Das Wunder von Echterdingen – ganz ohne übernatürliche Erscheinungen

Sparsamkeit, mit den Schotten auch eine spirituelle Gemeinsamkeit. Und drei Whiskybrenner in einem Ort – das gibt es ansonsten nur noch im Norden der britischen Insel. Wer es nicht glaubt, schaut mal in **Owen unterhalb der Teck** nach. Das Schöne am Whisky ist ja, man muss nicht an ihn glauben, denn er ist ein ehrliches Getränk. Jeder Tropfen erzählt die lange Geschichte seiner Herstellung.

Unterirdisch

Oberirdisches und Überirdisches findet sich in Stuttgart und in der Region zur Genüge. Doch wie sieht es mit dem Untergrund aus? Wenn man erst mal mit dem Buddeln anfängt, findet man aus den Höhlen und Kellern, den Bunkern und Bohrlöchern, den Gräbern und Stollen, den Vulkanen und den möglichen Trüffelfundplätzen kaum noch heraus.

Vor Jahrmillionen hat die Natur einiges dafür getan, dass es unterirdisch interessant wird – mit **Höhlen, Vulkanen** und **Gesteinsschichten**, die heute für heiße Diskussionen sorgen, weil oberirdische Bahnhöfe unter die Räder geraten und Planfeststellungen beschlossen haben, dass sich ICE & Co. die Radieschen in Stuttgart von unten begucken sollen. Nun ist ja nicht alles schlecht, was von oben kommt, aber unterirdisch hat die Region von alters her viel zu bieten. Es wäre also gar nicht so arg notwendig gewesen, noch mehr große Löcher zu bohren, als ohnehin schon drin sind. Höhlen sind eine besondere Spezialität aus der Region, vorrangig die der **Schwäbischen Alb**, die eigentlich Käsberg heißen müsste, so durchlöchert wie sie ist. 2500 Höhlen zählen die Fachleute dort. Ohne das große Jurameer, das, grob gesprochen, seit dem zweiten Schöpfungstag hier war, als der liebe Gott Erde und Wasser trennte, gäbe es die vielen Löcher im Untergrund nicht. Genau besehen ist die Schwäbische Alb **ein riesiges Korallen- und Kieselschwammriff**, dessen Ablagerungen versteinerten und durch Bewegungen der Erdkruste nach oben gewölbt wurden wie eine Insel. Risse und Spalten ließen Wasser hinein, dem der wenig widerstandsfähige Kalk wenig entgegenzusetzen hatte. Das war's im Prinzip, und so entstanden unter anderem zwei Klassiker für Schulausflüge – die nebeneinander gelegene **Bärenhöhle** und die **Nebelhöhle** in Sonnenbühl. Bereits 1596 berichtet der Tübinger Geschichtsschreiber Martin Crusius, dass „darein die Leuthe offt mit Lichtern gegangen und kein Ende haben finden können". Eine Sage aus dem Jahr 1631 erzählt von einer „wissenschaftlichen" Untersuchung, bei der flugs das Enten-GPS erfunden wurde. Man setzte zwei schnatternde Exemplare in den „großen See" der Nebelhöhle. Etwa zwei Wegstunden entfernt sollen sie in einem Bach bei Erpfingen fröhlich und munter ans Tageslicht gekommen sein. Ob die Sage eine Ente ist, erscheint unerheblich, denn heute wissen wir, dass die Schwäbische Alb von Höhlensystemen durchzogen ist, von denen viele womöglich noch gar nicht entdeckt sind. In Kriegszeiten war auch die Nebelhöhle ein gutes Versteck, um sich, insbesondere während des Dreißigjährigen Krieges, vor mordenden und brandschatzenden Horden in Sicherheit zu bringen.

Der ausgewaschene Kalk in den Höhlen gab sich indes nicht so schnell geschlagen. Zusammen mit vielen Wassertropfen erfand er sich neu und dekoriert nun mit aberwitzigen Stalaktiten und ziselierten Stalagmiten die feuchten Decken und Böden vieler Höhlen. Sie ähneln der organischen Architektur von **Antoni Gaudí** in Barcelona, nur eben, dass die unterirdischen Kathedralen dieser Art – halt typisch schwäbisch sind – man offenbart sich nicht jedem. Grusel stellt sich in der Bärenhöhle ein, weil dort entsprechende Knochen gefunden wurden, die man wieder zu einem Skelett zusammengefügt hat. Sogar Löwen und Nashörner sollen hier lange vor der Erfindung der Kehrwoche glücklich und zufrieden gelebt haben. Rund 20 000 Jahre ist das her. Oberirdisch verwöhnt uns die Natur mit grünen Teppichen und bunten Blumenmustern, unterirdisch gilt das Gesetz der Tropfsteinornamentik in gedeckten Farben. Einige der schönsten Tropfsteinhöhlen Deutschlands verstecken sich in der Schwäbischen Alb. Die **Charlottenhöhle** bei **Giengen an der Brenz**, deren einzelne Räume zauberhafte Namen wie Göttersaal, Rettichgrube, Zwergen- und Kristallgrotte tragen, während die 212 Meter lange **Schertelshöhle** bei Westerheim gleich mit zwei Stockwerken aufwartet. Die **Laichinger Tiefenhöhle** gibt aufschlussreiche Einblicke in die Ursprünge dieser besonderen Welt – mit einem versteinerten Riff der Jurazeit. Hier lassen sich sogar noch die Schwämme erkennen, die einst das Riff aufbauten. Im zugehörigen Höhlenmuseum finden sich Informationen dazu. Unterhalb des Bilderbuchschlosses **Lichtenstein** liegt die

größte Kalktuffhöhle Deutschlands, die nur einmal im Monat zugänglich ist. Die nach der württembergischen Königin Olga benannte Höhle wurde erst 1874 in einem der bei Honau gelegenen Kalktuff-Steinbrüche entdeckt. Zehn Jahre später ersetzte man Kerzenlicht durch Elektrizität. Damit war sie die erste elektrisch beleuchtete Schauhöhle Deutschlands. Kalktuff oder Travertin war und ist ein beliebter Baustoff. Und so reckt sich in Stuttgart und seinem Umland immer mal wieder ein Stückchen Schwäbische Alb in die Höhe. Die von der Natur ausgewaschenen und recycelten **Riffreste des Jurameers** finden sich zum Beispiel an der Staatsgalerie, und auch viele Wohnhäuser schmücken sich mit dem charakteristischen hellbeige schimmernden Material, dessen poröse Struktur nicht immer Freude macht. Der 2010 eröffnete **Travertinpark** in **Bad Cannstatt** zeigt Wissenswertes zum Thema Entstehung und Bearbeitung. Das Gelände erstreckt sich von der Altenburger Steige über die Weinberge unterhalb der Reiterkaserne bis zum Kraftwerk Stuttgart-Münster. Auch das Schotterbett der stillgelegten Industriebahn Münster–Cannstatt ist noch zu erkennen, ebenso ein ehemaliger Bahnübergang. Das Bähnle war die erste elektrisch betriebene Industriebahn Württembergs. Das gesamte Areal ist als geschütztes Biotop und Grabungsschutzgebiet ausgewiesen, und an den ehemals drei Steinbrüchen, aus denen der Cannstatter Travertin gewonnen wurde, hätte auch ein Cézanne seine Freude gehabt, aber der ist lieber in der Provence geblieben. Eine restaurierte **historische Kranbahn** mit weiteren Geräten zum Abbau der begehrten Reste aus der schwäbischen Unterwasserwelt lässt den ehemaligen Abbau erahnen. Erst 2007 wurden hier die letzten **Travertinblöcke** abgebaut. Die Cannstatter Steine finden sich unter anderem an der Fassade des Mittnachtbaus, waren aber in den 1930er-Jahren auch für höhere Weihen bestimmt. Hitlers Superbaumeister Speer bestellte Material für

Schräge Mischung: Faschistische Neoklassik neben postmoderner Müllarchitektur

den Bau des Nürnberger Märzfeldes, und die Stadt Berlin orderte **14 Säulen für ein Mussolini-Denkmal**. Der Großschnauzer aus Rom sollte am heutigen Theodor-Heuss-Platz das westliche Ende einer Ost-West-Achse markieren, die sich durch die von einem Berliner Kleinschnauzer erdachte „Welthauptstadt Germania" ziehen sollte. Die protzigen Dinger wurden nie abgeholt. Schaut man sich an, wo die monumentalen Säulen, die zu Ehren eines Diktators aufgestellt werden sollten, heute platziert sind, lässt sich kaum ein besserer Ort vorstellen. An den Rand gedrängt, fristen die großspurigen Stützen jetzt ihr Dasein im Angesicht der postmodernen Müllverbrennungsanlage in **Stuttgart Münster**, die ihnen allemal die Schau stiehlt. Waldnashörner, Waldelefanten und Sumpfschildkröten lebten hier immerhin paradiesisch, bevor Menschen sich die Erde auf ihre eigene Art untertan machten und bevor der Travertin sie wie zarte Blumen zwischen Buchdeckel presste. Davon zeugen **Fossilien**, ebenso

Noch älter als die Steinzeit: Handschmeichler von der Schwäbischen Alb

wie **Feuersteinwerkzeuge**, die auf Urmenschen hindeuten und in den Steinbrüchen gefunden wurden. Ein Teil dieser Ausgrabungen ist in den Staatlichen Museen für Naturkunde Stuttgart zu sehen.

Steinzeitmurmeln und Höhlenkreuzfahrt

Das uralte Gestein, das roh gebrochen nur Geologen zu glänzenden Augen verhilft, entfaltet seine innere Pracht für ästhetisch anspruchsvollere Laien erst, wenn Wasser und ein Mühlstein kleine Kunstwerke daraus geschaffen haben. In **Neidlingen** auf der Alb, wo im Sommer die Kirschblütenträume diesen Teil des UNESCO-Biosphärengebiets Schwäbische Alb schmücken, hat ein umtriebiger Ingenieur eine **Kugelmühle** aufgebaut. Aus kleinen Gesteinsstückchen werden hochglänzende Murmeln und kugelrunde Handschmeichler. Auf der Schwäbischen Alb gibt es in der obersten Schicht, dem Weißjura, kleine Vorkommen feinsten Marmors, der früher zu Bildhauerzwecken abgebaut wurde und heute nur noch verschottert wird. Daraus stammen die Rohlinge, die in den Rillen zweier übereinanderliegender Mühlräder ihre perfekte Form erhalten. Wenn es richtig eiskalt wird, friert das Mühlrad ein. Dann bietet die vereiste Mühle einen spektakulären Anblick. Die Murmeln aus der Kugelmühle sind einzigartige Stücke, die gleichzeitig ein Stück Heimat verkörpern. Mit jeder der **Murmeln aus Muschelkalk** nimmt man bis zu 250 Millionen Jahre Erdgeschichte in die Hand.

Wem Triasmurmeln, Tropfsteine und Travertin nicht spektakulär genug sind, reist nach **Zwiefalten**. Hier befindet sich nicht allein die Filiale einer überirdisch tätigen Weltfirma – die bekannte barocke Klosterkirche –, sondern auch die einzige mit einem Boot befahrbare Schauhöhle Deutschlands. Es ist die nahe gelegene **Wimsener- oder Friedrichshöhle**. Eine kleine Kreuzfahrt in einem Kahn in dieser Unterwelt lässt die griechische Mythologie lebendig werden, die davon erzählt, wie die toten Seelen vom Fährmann Charon über den Styx in den Hades gerudert werden. Da Besucher ihre Goldtaler aber noch in den Taschen tragen und nicht unter der Zunge, wie es der damalige Brauch forderte, erblicken sie bald wieder das Tageslicht. Der Friedhof ist allerdings für alle nicht weit, die sich weiter als die ersten Meter in die **Falkensteiner Höhle** wagen, die zwischen Grabenstetten und Bad Urach liegt. Seit 150 Jahren wird sie erforscht und ein Ende ist noch nicht abzusehen. Die Falkensteiner Höhle hat es in sich und bekommt deshalb nur von sehr erfahrenen Höhlentauchern ab und an Besuch. 1980 gelangte **Jochen Hasenmeyer**, der vor allem mit der Erforschung des Blautopfes bekannt wurde, bis zum 26. Siphon, rund fünf Kilometer tief im Fels. Vor allem die Siphons, schmale, verwinkelte und oft wassergefüllte Engpässe, sind nichts für Anfänger, und Ausflüge in die engen und ebenfalls oft wassergefüllten Gänge dieser Karstquelle können sehr gefährlich sein. Im Jahr 2003 hatten vier Studenten ihr Hirn an der Uni vergessen und stiegen trotz Warnungen von erfahrenen Höhlengängern in dieses Kellerloch der Schwäbischen Alb. 66 Stunden später konnten sie von Glück sagen, dass sie gerettet worden waren, weil plötzlicher Starkregen den schmalen Höhleneingang schön dicht verschlossen hatte. Dafür befanden sie sich in der angenehmen Gesellschaft eines Krokodils – so nennt sich ein dort von der Decke gestürzter meterlanger Tropfstein. Ohne Taucheranzug, Sauerstoff und guter Psyche ist bei Neugierigen schnell Ende im Gelände erreicht. Nicht umsonst heißt ein Höhlenteil „letzte Ölung", weil sich hier, je nach Wasserstand, nur wenige Zentimeter Luft zur Höhlendecke ausbreiten. Für brave Städter und Wandersleut empfehlen sich eher **Gußmannshöhle und Gutenberger Höhle** bei **Lenningen**. Bis Ende April dürfen dort die Fledermäuse hausen. Nach ihrem Winterschlaf beginnt am 1. Mai die Saison, und man mag sich gar nicht vorstellen, wie man lebte, als es noch keine Bausparverträge oder Fußbodenheizungen gab und dort in der Jungsteinzeit und der Hallstattzeit Menschen Schutz gesucht haben. Die Funde von dort sind heute größtenteils im Staatlichen Museum für Naturkunde in Stuttgart ausgestellt. Die Höhlen der Schwäbischen Alb haben vieles zu bieten, nur kein Gold. Die hiesigen **Goldgräber** hätten lieber Onkel Dagobert an den Klondike River begleiten sollen, anstatt hier zu Beginn des 19. Jahrhunderts nach dem Edelmetall zu suchen. Sie fanden im Lenninger Tal nichts, außer das Wasser der Schwarzen Lauter. Im Ortsteil Schlattstall entspringt sie an eben jenem „Goldloch", einer wasserführenden Höhle. Der Quellbach vereinigt sich mit dem aus der darunterliegenden Lauterquelle. Mehrere Sagen ranken sich um diesen Ort. So sollen riesige Vögel einen Goldschatz im Goldloch bewacht haben. Wo Gold ist, sind Drachen nicht weit. Die Gemeinde **Drackenstein** gab der steilsten Autobahnauffahrt in Deutschland ihren Namen. Doch während alle Welt hier in wunderbaren Kurven die Schwäbische Alb erklimmt und abwärts hoffentlich brav einen Gang runterkuppelt, vergisst man schnell, dass hier womöglich einmal ein riesiger Drache gelebt haben soll. Eine Sage erzählt, dass er die Tochter des Kaisers von Marokko übers große Wasser entführt und im **Drachenloch**, einer Höhle, die beim Bau der Autobahn zugeschüttet wurde, gefangen gehalten hat. Aber ein tapferer Junker aus Westerstetten habe die Prinzessin dort befreit, das Ungeheuer mit dem Schwert erledigt und – wie bei solchen Sagen üblich – die Prinzessin geheiratet. Um einiges spektakulärer sind die aufsehenerregenden Funde in den **Höhlen des Lone- und Achtals** vor einigen Jahren. Im Hohlen Fels, durch den ein 30 Meter langer Gang zu einer riesigen Halle führt, die mit 500 Qudratmetern eine der größten auf der Alb ist, fanden Forscher eine rund 40 0000 Jahre alte Knochenflöte – das **älteste Musikinstrument der Welt**. Sie gruben darüber hinaus die weltweit **älteste figürliche Darstellung einer Frau** aus, die Venus vom Hohlen Fels, und entdeckten neben Werkzeugen von Steinzeitmenschen, Knochen von Höhlenbär, Mammut, Ren und Wildpferd auch die mutmaßlich **ältesten Höhlenmalereien der Menschheit**, sodass die Schwäbische Alb als eine der Wiegen menschlicher Kultur betrachtet werden kann. Die Funde sind wohlverwahrt in Museen in Stuttgart, Tübingen, Ulm, Blaubeuren und Langenau, aber einmal im Jahr, beim Höhlenfest Ende August, ist die Höhle geöffnet und beleuchtet. Ebenso faszinierend ist die **Figur** eines **aus Knochen geschnitzten Löwenmenschen**, der im **Ulmer Stadtmuseum** zu Hause ist und dessen Kopie im **British Museum** in **London** für ehrfürchtige Besucher sorgte.

Gut geschützt durch den Bombenhagel des Zweiten Weltkriegs

Stuttgarter Unterwelt

In der Natur gehören die Hohlräume unter der Erde zum Auf und Ab der Jahrmillionen und dienten stets auch Tieren und Menschen als Zufluchtsort. Wenn sich Menschen untereinander massakrieren, weil sie meinen, dass dies notwendig sei, um auf dieser Erde zu leben, oder um ein 1000-jähriges Reich zu errichten, das lächerlich kurze wie entsetzlich lange 12 Jahre dauern sollte – dann beginnen sie sich künstliche Höhlen zu graben. Stuttgart ist auch eine **Bunkerstadt**, was man schnell vergisst, weil es oberirdisch so schön ist. Nachdem Hitler 1940 den Bau von bombensicheren Luftschutzräumen in großem Ausmaß anordnete, organisierte die Stadtverwaltung in Stuttgart am 29. Oktober 1940 eine Begutachtung möglicher Bunkerstandorte. Bereits zu diesem Zeitpunkt verfügte Stuttgart über zahlreiche unterirdische Luftschutzräume. Es waren eher einfache betonierte Stollen in der Heilbronner Straße, beim Neuen Schloss sowie unter dem Stuttgarter Rathaus. Auch der Reichsbahnstollen in der Jägerstraße gehörte dazu. Ein Jahr später standen die weiteren Anlagen bereit. Dazu gehörten die **Tiefbunker** unter dem **Wilhelmsplatz**, der ehemaligen Stuttgarter Henkerstätte, unter dem **Marktplatz**, an der Ecke **Lautenschlager-/Kronenstraße**, unter den Bahnhofsvorplätzen in **Feuerbach** und **Untertürkheim**, unter dem **Wilhelmsplatz** in **Bad Cannstatt** und in der **Raitelsbergsiedlung**. Der sehr rührige **Verein Schutzbauten Stuttgart e. V.** widmet sich der Geschichte und der Dokumentation aller Schutzbauwerke in Stuttgart und bietet sowohl bei seiner Internetseite als auch bei Führungen hervorragende Informationen. Darüber hinaus bietet der Verein eine umfassende eigene Ausstellung im Spitz- und Tiefbunker sowie in einer alten Unterführung am Bahnhof Stuttgart-Feuerbach.

Weil Baumaterial während des Krieges immer knapper wurde, forcierte man in Stuttgart, das insgesamt **53 Luftangriffe** erlebte, zunehmend den Stollenbau. Hoch- wie auch Tiefbunker trugen ihren Teil dazu bei, dass nicht noch mehr Menschen ums Leben kamen. Sieht man sich heute in den noch zugänglichen Bunkern um, schlägt einem die Enge schnell auf's Gemüt. Es sind schmale lange Gänge und Zellen, die sechs Quadratmeter kaum überschreiten. Im Untergrund herrschte ein unvorstellbares Gedränge. Wenn Minen und Sprengbomben stark genug waren, war es selbst unter Tage nicht sicher. Nach den Bombenangriffen waren Hitze und Sauerstoffmangel oft so groß, dass die Bunker geräumt werden mussten. Sie erzählen viele

Geschichten – während des Krieges und noch viele Jahre danach. 1941 war der **Leonhardsbunker** nach gerade einmal vier Monaten Bauzeit fertig. Dass dabei die Reste des mittelalterlichen Friedhofs rund um die Leonhardskiche zerstört wurden, war den meisten wohl herzlich egal. In den Nachkriegsmonaten etablierte der Bunker sich schnell als veritables Etablissement des dortigen Rotlichtviertels. Die Prostituierten wohnten und arbeiteten unter Tage. Die oberirdische Welt sah 1945 bedeutend schrecklicher aus als der triste, aber heile Beton untendrunter. Weil das Viertel um die Leonhardskirche ein Schwerpunkt der Prostitution war, beschwerte sich der Dekan regelmäßig beim zuständigen Polizeirevier. Aber schneller als erwartet war Ruhe im Karton, nachdem eine Streife meldete, sie hätte den Stadtpfarrer dabei beobachtet, wie er eine junge Dame ins Auto habe einsteigen lassen. Natürlich war dieses Treiben auch der amerikanischen Militärregierung ein Dorn im Auge, die diesen Zustand so rasch wie möglich beenden wollte und die Räumung verfügte, um im Bunker ein Hotel zu eröffnen. So wurde aus dem unterirdischen Freudenhaus ein braves Hotel, das ein wenig näher an der Hölle war als andere. Pächter war Bruno Dossmann, der bei den Stuttgarter Kickers 1931/32 als Linksaußen gespielt hatte.

⊙ Der **Tiefbunker am Bahnhof** in **Feuerbach** war notwendig geworden, um Pendlern und Mitarbeitern in den Betrieben Schutz zu bieten. Durch eine gebrochene Wasserleitung wären während des Krieges beinahe einmal etliche Kinder ertrunken, die aber in letzter Minute gerettet werden konnten. Als die Franzosen in Feuerbach einmarschierten, war der Bunker proppenvoll, und es wird erzählt, dass der zuständige Bunkerwart die neuen Herrschaften von jenseits des Rheins mit einer weißen Fahne empfing und diese, nach der Meldung, dass sich keine Wehrmachtsangehörigen hier befänden, einfach weiterzogen.

In der Nachkriegszeit mutierten die unterirdischen Räume zu gesuchtem Wohnraum, inbesondere für ausgebombte Stuttgarter wie auch für die unzähligen Flüchtlinge. Heute ist es unvorstellbar, dass an diesen Orten ganze Familien oft für viele Jahre ein Dach über dem Kopf fanden, doch wer sich die Bilder des zerstörten Stuttgart ansieht, sieht, dass ein feuchter Bunker besser war als jede Villa ohne Wand und Dach. 1957 – zwölf Jahre nach Kriegsende – zogen die letzten Flüchtlinge aus. Doch die Bunker gingen noch lange nicht in den Ruhestand, denn die nächsten Bewohner standen bereits Schlange. Es waren die allerersten Gastarbeiter aus Italien, die bei Bosch angeheuert hatten. Bosch mietete den Bunker, bis die Arbeiter meuterten und Ende 1960 in neue Unterkünfte in Rutesheim umzogen. Weil mittlerweile der Kalte Krieg immer kälter wurde, wurden die Betonburgen unter Tage so aufgerüstet, dass es mögliche neue Bewohner ein paar Tage länger dort ausgehalten hätten. Bis heute ist der Leonhardsbunker der einzige, der für den Krisenfall bereit gehalten wird. Die Nähe zum Rotlichtmilieu gibt Anlass zu der Hoffnung, dass das älteste Gewerbe der Welt im Falle eines Falles also nicht so schnell untergehen wird. Sogar einen Sonnenbunker gab es. Der fröhliche Name steht für einen unwirtlichen Ort. Das Gasthaus „Zur Sonne“, dessen Kegelbahn direkt an der Bunkerwand endete, gab ihm den Namen. Bis 1938 stand hier die **Synagoge der jüdischen Gemeinde** von **Bad Cannstatt**, die in der Reichspogromnacht bis auf die Grundmauern niederbrannte. Französische Kriegsgefangene bauten am Sonnenbunker mit, und nach dem Krieg wohnten hier ebenfalls diejenigen, die nichts mehr hatten als ihre Kleider am Leib. Seit 1961 erinnert ein Gedenkstein an diesem Ort an die Reichspogromnacht.

Der ehemalige **Bunker am Hindenburgplatz**, dem heutigen Arnulf-Klett-Platz direkt am Bahnhof, wird heute von Reisenden genutzt. Ob sich die Planer von Stuttgart 21 davon für den tiefergelegten Bahnhof inspirieren ließen, ist nicht bekannt. Auch für diesen Bunker gab es nach Kriegsende ein neues Leben. Hier unterhielt ab 1947 ein Truppenfilmtheater die amerikanischen GIs. Ab und zu gab es auch Filmvorstellungen für die besiegten Deutschen. Ein Teil wurde auch als Unterführung von der Königstraße zum Hauptbahnhof benutzt. Von der Mitte der 50er-Jahre an existierte dort 10 Jahre lang ein Bierlokal. In der „Schwemme" zischten viele noch schnell ein Feierabendbier. Erst mit dem Bau der U-Bahn wurde 1965 der gesamte unterirdische Platz komplett umgestaltet. Heute kaufen wird dort T-Shirts oder Leberkäswecken und hetzen durch die **Klett-Passage**, um die nächste S-Bahn zu erwischen. Der Krieg war lange passé, und Hindenburg war endgültig und zu Recht unmodern geworden.

Heute noch zählt Stuttgart insgesamt 16 Hoch- und 13 Tiefbunker. Die meisten sind noch heute intakt und können teilweise besichtigt werden. Im Bunker in der Talstraße sind für alle Fälle Betten aufgestellt, denn der dortige Bunker dient immer noch dem Zivilschutz. Mittlerweile gehen bevorzugt Musiker in den Untergrund. Einige Räume in diversen Bunkern sind als Probenräume an Bands vermietet. Am 22. Juli 2011 erinnerten der Stadtjugendring Stuttgart e. V. und die Forschungsgruppe Untertage e.V. mit ihrer Aktion „Lichter der Flucht" an die Bombenangriffe auf Stuttgart, insbesondere an die verheerenden Juliangriffe 1944, durch die die Innenstadt weitgehend zerstört wurde.

Etwas Besonderes ist die **Martinskirche** am **Pragfriedhof**, die samt passendem Luftschutzraum 1937 als „Bunkerkirche" gebaut wurde. Sie ersetzte die von Paul Lechler, einem bedeutenden Chemiefabrikanten, gestiftete Martinskapelle. Die Kirche wurde nur deshalb genehmigt, weil die Gemeinde vorher einen Schutzraum dafür zusagte. Grundsätzlich waren Kirchenneubauten in der nationalsozialistischen Zeit eine Ausnahme.

Eine Kirche, die vielen Menschen das Leben gerettet hat

Andere Glaubensrichtungen als die der braunen Kirche Hitlers waren ungern gesehen. Neben den Pionierstollen gab es auch individuelle Stollen auf Privatgrundstücken. Das Wichtigste in der damaligen Zeit waren Beziehungen, um an das passende Material heranzukommen. Meist beginnen die Stollen in den Kellern und führen in die hauseigenen Gärten. Schutz fanden die Menschen nicht allein zwischen Betonwänden. Am **Bopser** gibt es eine kleine Höhle, die aus dem 18. Jahrhundert stammt, als dort Stubensandstein abgebaut wurde. Auswaschungen vergrößerten die Höhle, die erst 1933 wiederentdeckt wurde. Eine Studentenverbindung nutzte sie als Luftschutzraum. Vom Gebäude Bopserwaldstraße 92 gruben sie einen Zugang und legten einen Fluchttunnel an. In **Stuttgart-Mühlhausen** erstreckt sich in unmittelbarer Nachbarschaft des Rathauses durch den Neckarhang ein **riesiger Pionierstollen** wie eine Höhle in einem Karstgebirge. Solche Stollen wurden zuerst ins Gestein gesprengt und dann wurde von Hand weitergegraben. Meist waren es Frauen, denn nur, wer sich beim Bau beteiligte, erhielt eine Berechtigungskarte, um bei Luftangriffen dort unterzukommen.

Provisorien sind erfahrungsgemäß am dauerhaftesten. Es ist kaum vorstellbar, dass vierzig Jahre lang unter dem Stuttgarter Marktplatz ein **Bunkerhotel** existiert hat. Der Stuttgarter Bauriese Züblin hatte dereinst den Bunker erstellt, der nach dem Ende des Krieges zur Parkgarage umgebaut werden sollte und in dem sich bis zu 3000 Menschen drängten. 1945 pachtete die Hoteliersfamilie Zeller den Bau als Ersatz für ihr zerstörtes Messe-Hotel und nannte die Gästezimmer unter der Erde „Hotel am Rathaus". Weil Hotelbetten im Nachkriegsdeutschland begehrt waren, lief das Geschäft gut. Man warb sogar damit, das „führende Bunkerhotel Deutschlands" zu sein, änderte aber 1950 den namen in „Hotel am Marktplatz". Unter diesem Namen wurde es von der Hoteliersfamilie Ketterer bis zur Schließung am 31. Oktober 1985 bewirtschaftet. Seitdem liegt die unterirdische Rarität im Dornröschenschlaf.

In **Bissingen** gehört der **Ro 1**, ein noch erhaltener Bunker, der besichtigt werden kann, zu den letzten Überresten der sogenannten **Neckar-Enz-Stellung**, die von Eberbach im Odenwald bis nach Enzweihingen bei Vaihingen/Enz reichte. Die 90 Kilometer lange Verteidigungslinie mit 450 Bunkern verlor mit dem Bau des Westwalls rapide an Bedeutung und diente im Zweiten Weltkrieg als ziviler Luftschutzraum eines benachbarten Unternehmens und später als Kampfstand und Unterschlupf für Soldaten. Der getarnte Bunker, der 1935 errichtet wurde, liegt im westlichen Bereich der Bissinger Brandhalde und wird vom Arbeitskreis Bunkerforschung betrieben, der das Bauwerk restauriert und mit alten Einrichtungsgegenständen bestückt hat. Geöffnet hat der Museumsbunker laut Website jeden ersten Sonntag im April, Juli und September. Einen weiteren Kampf-

Ewige Ruhestätte unter einem unscheinbaren Hügel

stand (B13) in der Nähe, der mittlerweile zugeschüttet wurde, nutzten Kinder und Jugendliche jahrelang als Abenteuerspielplatz der besonderen Art.

Keltisches Totenreich

Die einen graben sich ein, um die Reise ins Totenreich aufzuschieben, die anderen bauen besonders aufwändig, um ihre Toten zu ehren. Vor rund 2500 Jahren fand zwischen **Schwieberdingen** und **Vaihingen/Enz** ein besonders prunkvolles Begräbnis statt. Ein mächtiger, weithin sichtbarer Hügel markiert die **Grabstätte**. Im Lauf der Zeit flachte das Gelände ab, und das Grab verschwand aus dem Blickfeld. So blieb es vor Grabräubern und Plünderern geschützt. Als im Jahr 1978 n. Chr. beim

Pflügen ungewöhnliche Steine zum Vorschein kamen, wurde daraus eine weltweite Sensation. In **Hochdorf an der Enz** entdeckten die rasch herbeigeeilten Archäologen ein glanzvolles Grab aus der Keltenzeit, das mit einer Höhe von rund sechs Metern und einem Durchmesser von etwa 60 Metern zu den größten seiner Art zählt. Schnell hatte der Bestattete den Namen „Keltenfürst" weg, weil der Verstorbene mit außergewöhnlich großem Aufwand und reichen Grabbeigaben bestattet worden war. Die Lage der Grabstätte wurde wohl mit Bedacht gewählt, denn vom Hügel aus hat man Richtung Osten, der aufgehenden Sonne entgegen, einen freien Blick auf den **Hohenasperg**. Dort vermuten Forscher einen keltischen Fürstensitz. Im **Keltenmuseum Hochdorf/Enz** sind kostbar gearbeitete Repliken der Grabausstattung zu bewundern. Die originalen Funde sind im Landesmuseum Württemberg in Stuttgart ausgestellt. Der Höhepunkt des Museumsbesuchs in Hochdorf ist die Besichtigung der vollständig rekonstruierten Grabkammer des Fürsten mit ihrer prunkvollen Ausstattung. Der Raum und die kostbaren Beigaben wurden mit alten Werkzeugen und handwerklichen Techniken in originalgetreuen Materialien rekonstruiert. Ein Kunstschmied schuf die Beigaben aus Bronze und Eisen, und eine Weberin fertigte Borten nach dem 2500 Jahre alten Vorbild. Der Keltenfürst reiste mit allem Luxus, den die Zeit zu bieten hatte, gut ausgestattet ins Jenseits: mit einem Hut aus Birkenrinde, großzügigem Goldschmuck, Dolch, Köcher und Pfeilspitzen, einem Täschchen mit Nagelschneider, Rasiermesser, Kamm und Angelhaken sowie mit goldenen Schuhbeschlägen, Textilien, einem umfangreichen Trinkservice aus goldbandverzierten Hörnern nebst einem 500-Liter-Bronzekessel voller Honigmet, praktischen Werkzeugen und – wir sind schließlich in der Region, in der die Mobilität erfunden wurde – einem **vierrädrigen Wagen**. Am meisten rieben sich die Archäologen jedoch die

Augen, als eine fast drei Meter lange, reich verzierte **Bronzeliege** zum Vorschein kam, die Liegestatt des Leichnams. Diese Kline, ein ursprünglich bei den Griechen beheimatetes Ruhebett, ist das weltweit einzige Exemplar dieser Art, das die Zeiten überdauert hat, und das sonst nur von Skulpturen, Fresken und Vasenmalereien bekannt ist. Mit einem Volumen von 7000 Kubikmetern Erde sowie 280 Tonnen Steinen bildet der wieder aufgeschüttete Hügel ein imposantes Zeichen in der Landschaft. Als man anderswo noch auf den Bäumen saß, muss Hochdorf bereits eine besondere Siedlung gewesen sein. Dies belegen herausragende Fundobjekte, wie etwa die **älteste Feinwaage**, die **nördlich der Alpen** gefunden wurde, sowie Fragmente kostbarer Trinkschalen, die aus dem fernen Athen in die Region Stuttgart importiert worden waren – damals eine halbe Weltreise. Im Umkreis des Keltenmuseums entdeckte man auch eine frühkeltische Siedlung. Eine rekonstruierte Hofanlage vermittelt heute anschaulich ein Bild des Lebens aus dieser Zeit. Der ausgeschilderte **Keltenweg** ist ein Rad- und Wanderweg der Arbeitsgemeinschaft „Grünes Strohgäu". Zwei Touren über 30 oder 55 Kilometer hinweg verbinden neun keltische Denkmale und führen über Asperg, Möglingen, Schwieberdingen, Markgröningen, Hochdorf, Hemmingen, Schöckingen und Hirschlanden nach Ditzingen.

Feuerspucker

„Ruhe sanft" ist in der Region nicht immer und überall gegeben. Die natürliche Erdbebengefahr in Stuttgart allerdings ist eher als gering einzuschätzen. Das ist beruhigend. Gegner von Stuttgart 21 befürchten indes von Menschenhand erzeugte **„Erdbeben"**. In den Planfeststellungsdokumenten ist von baube-

Sandkasten für große Jungs: Die Stuttgarter verbuddeln ihren Hauptbahnhof

dingten Erschütterungen die Rede. Für das Fundament des geplanten Tiefbahnhof-Querriegels sollen etwa 3500 Betonpfähle in den Boden gerammt werden, damit das Bauwerk auf „sicheren Füßen" steht. So weit, so gut. Pro Pfahl sind etwa 125 Schläge erforderlich, bis er richtig im Erdreich sitzt. Anschließend muss noch der Pfahlfuß verankert werden, auch hier setzt es erneute und noch stärkere Schläge. Bis zu 500 000 Schläge könnte der Stuttgart Untergrund kassieren. Etwas weiter südlich arbeitet es schon seit langer Zeit zuweilen lautstark im Untergrund, und hier oben wackeln dann die Gläser in den Vitrinen, denn die Schwäbische Alb gehört zu den **erdbebenreichsten Zonen** in Deutschland. Aufgezeichnete Erdbeben, die spürbar waren, gab es in den Jahren 1911 (6,1), 1943 (5,6) und 1978 (5,7). Rund um Albstadt ist es am unruhigsten. Beim Beben von 1978 wurde die Burg Hohenzollern schwer beschädigt, zahlreiche Gebäude zeigten Risse im Mauerwerk und man zählte 25 Verletzte. In der Region ist deshalb seit 2005 sogar eine erdbebensichere Bauweise vorgeschrieben. Der berühmte Hohenzollerngraben, der sich in der Nähe entlangzieht, hat aber nach Aussagen von Fachleuten nichts mit dem Grummeln unter der Erdoberfläche zu tun. Es sei Zufall, dass sich die Erdbeben dort abgespielt haben. Am 22. März 2003 fielen im Zollernalbkreis erneut Ziegel von den Dächern und Glasscheiben brachen. Das Beben hatte eine Stärke von „nur“ 4,5.

Schlimmer ist es, wenn die Erde richtig hustet. Die letzten Anfälle in unserer Umgebung liegen glücklicherweise schon 16 bis 17 Millionen Jahre zurück. Damals kam es durch geologische Plattenverschiebungen zu vielen **Vulkanausbrüchen**. Allerdings spuckte die Erde im Albvorland kaum Lava aus. Der Großteil blieb im Schlot hängen, wurde steinhart, und die Basalt-Überreste lassen sich heute vielerorts bestaunen. Auf der Albhochfläche finden sich hingegen Maare, Torfmoore und Hülen. Da das Gestein nicht wasserdurchlässig ist wie der sonst übliche Kalkstein, bleibt es eher feucht oder es bilden sich sogar kleine Seen. Die bekanntesten sind das **Naturschutzgebiet Randecker Maar** und das **Schopflocher Moor** bei Ochsenwang. Viele halten die von der Autobahn aus gut sichtbare Limburg bei Weilheim an der Teck ebenfalls für einen ehemals lavaspuckenden Berg. Wehe, wenn das ein Geografiekundiger oder ein Sechstklässer mitbekommt, der das Thema gerade in Erdkunde hat. Ein böser Blick und die Belehrung folgen auf dem Fuße. Nicht jeder Kegelberg war mal ein Vulkan. Es gibt auch sogenannte **Zeugenberge**, die so heißen, weil sie als letzte Reste einer weitläufigen Landschaftsformation stehen geblieben sind und die längst zerbröselte geologische Vergangenheit bezeugen. Jetzt wissen wir’s. Allein in einem Umkreis von etwa 25 Kilometern um **Bad Urach** herum hat der sogenannte **Schwäbische**

Vulkan 355 Krater hinterlassen. Der nördlichste Ausbruch ereignete sich übrigens kurz vor Stuttgart. Heute erreicht die Filderlandschaft eine Höhe zwischen 300 und 500 Metern. In den vergangenen 15 Millionen Jahren haben Wasser und Wind, Frost und Sonne eine 500 Meter hohe Gesteinsschicht abgetragen. So schnell kann's gehen. In Ostfildern spie der Scharnhäuser Vulkan Pech und Schwefel, denn die Schwäbische Alb reichte früher bis Stuttgart. Die tiefliegenden Schlotreste des Sprengkessels sind heute noch gut erkennbar. Fährt man von Ruit nach Scharnhausen, führt die Straße steil hinab. In einer halbkreisförmigen Mulde von etwa 60 Metern Durchmesser fand man am nördlichen Körschtalhang Gesteinsbrocken des Weißen Jura, wie er auf der Alb anzutreffen ist. Vermutlich sind die Kalksteine nach dem Vulkanausbruch in den Schlot gefallen. Nicht auszudenken, was aus Stuttgart hätte werden können, wenn Meer und Vulkan nicht einfach verschwunden wären – eine Mischung aus Neapel und Hurghada. Man sieht förmlich die Reiseprospektpoesie vor sich: Besuchen Sie Stuttgart, fantastisch unterhalb des Scharnhäuser Vulkans gelegen, mit weitem Blick auf das blauschimmernde Jurameer. Schnorcheln Sie entlang des städtischen Hausriffs und baden Sie im türkisblauen Wasser. Unternehmen Sie einen spannenden Bootstrip und beobachten Sie geschmeidig dahingleitende Ichthyosaurier. Kraulen Sie zahme Höhlenlöwen in unserem Safaripark, und überraschen Sie Ihre Lieben daheim mit einem hochwertigen Knochensouvenir. Genießen Sie den Sonnenuntergang direkt am Vulkankrater und lassen Sie sich dort mit einem Barbecue verwöhnen – wahlweise mit Bärensteaks oder Meeresfrüchten.

Ein oberirdisches Überbleibsel und eine Besonderheit der unterirdischen Feuerspucker ist der **Konradfels**, südwestlich von **Oberlenningen**. Er ist der letzte Rest eines ehemaligen Vulkanschlots und verrät sich durch die dunkle Färbung. Geologen schwärmen davon, dass hier wie sonst nirgends der Schlotstiel so schön als Felsnadel aus dem Oberjura herauspräpariert sei. Noch viel extravaganter ist allerdings die Tatsache, dass am Konradfels der Kompass verrückt spielt. Das liegt daran, dass der Vulkantuff einen besonders hohen Anteil magnetischer Mineralien enthält. Es wird sogar vermutet, dass der Fels durch einen Blitzschlag zusätzlich magnetisiert wurde. Im südlichen Bereich des Felsens dreht sich die Kompassnadel fälschlicherweise um 180 Grad. Der Wanderweg Oberlenningen – Grabenstetten führt direkt an dieser Besonderheit vorbei.

Geologen und Grufties

Wer die steinreiche Unterwelt erforscht, versucht sie zu katalogisieren. Der Stuttgarter Geologe **Friedrich von Alberti** (1795–1878) führte den heute weltweit verwendeten Begriff „Trias" für die Abfolge von Buntsandstein, Muschelkalk und Keuper in die geologische Literatur ein. Die Trias bezeichnet den ältesten geologischen Zeitabschnitt des Erdmittelalters, also den Zeitraum vor 250 bis 200 Millionen Jahren. Alberti war ein erfolgreicher Mann. Im Königreich Württemberg war er für die Erschließung und Salzgewinnung tätig. Im württembergischen Unterland rund um Heilbronn studierte er die Landschaft, die von Geowissenschaftlern deswegen bis heute als Modell-Landschaft für die Trias angesehen wird. In der Fachsprache haben sich die Bezeichnungen Heilbronn- oder Löwenstein-Formation durchgesetzt. Seit dem Drama um Stuttgart 21 hat sich Geologie zu einem hippen Gesprächsthema entwickelt. Viele Zeitgenossen wissen jetzt nicht nur über Android, sondern auch über **Anhydrit** Bescheid, das schwierige Gestein, das bis vor einigen Jahren nur professoralen Eminenzen und eifrigen Studenten bekannt war.

Im Stuttgarter Stadtgebiet macht dieses Gestein seit Jahrmillionen was es will, und scherte sich nie um Tunnel- und Bahnhofsprojekte. Überall verlaufen Gipskeuperschichten, die Anhydrit enthalten. Leider saugt das Zeugs, wenn es auf Wasser trifft, alles auf wie ein Schwamm und dehnt sich aus. Falls darüber zufällig Ihr Haus stehen sollte, könnte es sein, dass die eigenen vier Wände plötzlich dem Schiefen Turm von Pisa nacheifern oder ein paar Risse bekommen, aber was soll's – das passiert sowieso nicht, behaupten die Bohr- und Tunnel-Befürworter. Währenddessen füllen die Zweifler ganze Webseiten zum Thema und betrachten akribisch die unterirdische Welt, beispielsweise das Bohrloch 203 in der Nähe der Stuttgarter Jugendherberge.

Vor der Hölle oder dem Himmel lassen sich hochwohlgeborene Menschen in eine unterirdische Gruft legen. Dumm nur, wenn man überraschend stirbt, so wie **Herzog Friedrich I.** am 29. Januar 1608 im Alter von 50 Jahren, und die traditionellen Grablegen in den Stiftskirchen von Tübingen und Stuttgart proppenvoll sind. So legte der Werkmeister Hans Braun samt aller in Stuttgart und Umgebung arbeitenden Steinmetze mit ihren Helfern ein paar Überstunden mehr ein, bis nach nur 17 Tagen unter dem Chor der **Stuttgarter Stiftskirche** eine neue, geräumige **Gruft** angelegt war. Die Menschen damals waren wenig zimperlich. Vor Beginn der Bauarbeiten hatte man die mittelalterlichen Gräber geöffnet und, um weiteren Platz zu schaffen, einfach alle Gebeine der Mitglieder des Hauses Württemberg gesammelt, die vom 14. bis zum 16. Jahrhundert im Chor der Stiftskirche beigesetzt worden waren. Sie wurden praktischerweise in einem Sammelgrab zusammengelegt, darunter Graf Ulrich I. „mit dem Daumen" († 1265), aber auch Ulrich V. „der Vielgeliebte" (1413–1480) samt ihrer Ehefrauen. Im Untergeschoss der Stiftskirche wurde nach dem Zweiten Weltkrieg sogar Kohle „gefördert". Um die Heizung am Laufen zu halten, war ein entsprechender Vorratskeller angelegt worden, der nach der Renovierung vor einigen Jahren nun als Gemeinderaum genutzt wird.

Prickelnde Unterwelt

Viel prickelnder sind hingegen die unterirdischen Entdeckungen, die sich in Esslingens Altstadt machen lassen. Hier gärt es im Untergrund. Sage und schreibe **ungefähr 100 000 Flaschen Sekt** lagern in den bis zu acht Meter tiefen Kellern des Speyrer Pfleghofs, wo ehemals der Weinzehnt gelagert wurde. Das Anwesen in unmittelbarer Nachbarschaft zu Stadtkirche und Rathaus ist seit seiner Gründung im Jahr 1826 der Firmensitz und die Produktionsstätte von **Kessler**, **Deutschlands ältester Sektkellerei**. Der Erfolg perlt seit einigen Jahren wieder, nachdem der Ruf des Traditionshauses zwischenzeitlich nach schalem Wein bei Opas Geburtstagsparty schmeckte und Kessler durch Missmanagement knapp an der Insolvenz vorbeischlitterte. Heute spru-

KESSLER

Schnell her mit dem Sekt!

delt der Erfolg umso mehr und sorgt für überschäumende Bilanzen. Dafür perlen bis zu 3 Millionen Bläschen im Kessler-Glas. Während viele große und kleine Mitbewerber den Sekt in großen Tanks ausbauen, produziert Kessler mit gerade einmal 30 Mitarbeitern seinen Sekt ausschließlich in der Königsdisziplin der Flaschengärung. Ein Teil wird nach wie vor von Hand gerüttelt, dem in der Champagne entwickelten klassischen Herstellungsverfahren (méthode traditionelle). Der hochgelobte **Jägergrün** ist nicht die einzige Sorte im Programm. Die Kernmarken von Kessler sind seit über 100 Jahren im Markt. **Kessler Cabinet** ist die **älteste Sektmarke Deutschlands**, sie erscheint bereits um 1850 auf Speisekarten. Kessler „Hochgewächs", ein Blanc de Blancs aus reinen Chardonnay-Weinen, wurde in den 20er-Jahren auf den Luftschiffen der Zeppelin-Reederei serviert und avancierte nach einem Kellereibesuch des damaligen Bundeskanzlers Konrad Adenauer im Februar 1956 zum **„Kanzler-Sekt"** für offizielle Empfänge der Bundesregierung. Kenner und Ortskundige genießen während des Esslinger Weihnachtsmarktes die glühweinfreie Zone im Kessler-Karree oder schauen nach dem Wochenmarktbesuch schnell noch auf ein Gläschen im Stammhaus mit herrschaftlichem Ambiente vorbei. Kein Geringerer als Stauferkaiser Friedrich II. stiftete das markante Gebäude gegenüber der Stadtkirche. Ein guter Sekt passt zu jeder Gelegenheit, lautet die Maxime. **Georg Christian Kessler**, der das Traditionsunternehmen gründete und 1787 in Heilbronn geboren wurde, lernte sein Handwerk in Frankreich bei der berühmten Champagnerkellerei Veuve Cliquot-Ponsardin in Reims. Er war nach einigen Jahren Teilhaber des Unternehmens und kehrte in seine Heimat zurück, um dort 1826 eine eigene Sektkellerei zu gründen. Um das teure Vorhaben finanzieren zu können, betrieb er nebenher eine Textilverarbeitungsfirma, aus der **Merkel** und **Kienlin** hervorgingen (**Esslinger Wolle**). Zu

Hilfe kam Kessler auch, dass nach der Säkularisierung in Esslingen ein großes Immobilienangebot inklusive Kellern zu günstigen Preisen zu erwerben war. In den weitläufigen mittelalterlichen Gewölbekellern reift der Sekt in der Flasche bis zu vier Jahre lang. Der grauschwarze Kellerpilz, der große Teile des Gewölbes überzieht, schafft beste Gruselatmosphäre, die ein sicherer Indikator dafür ist, dass die klimatischen Bedingungen im Reifekeller optimal sind. Das Markenzeichen der Firma Kessler sind nach wie vor die beiden wendigen **Piccolos**. Urheber der Zeichnung war der Simplicissimus-Künstler Josef Benedict Engl. Piccolos wurden anno dazumal die Auszubildenden in der Branche genannt. Ihr Name übertrug sich auf die kleinen 0,2-Liter-Sektflaschen und wurde zum sprechenden Begriff. In diesen homöopathischen Dosen wurde der Sekt Anfang des Jahrhunderts sogar von Ärzten verschrieben und als **Medizin** gereicht, berichten die Annalen. Mit diesem Wissen im Hinterkopf lässt sich ein (gutes) Glas Sekt noch besser genießen.

Trüffel- und Silberbarone

Zu den unterirdischen Kellerschätzen aus Esslingen passen eukaryotische Lebewesen, die weder Tier noch Pflanze sind. Sie können nicht weglaufen. Deshalb verstecken sie sich. Unter Eichen, Buchen und Haselnusssträuchern, bevorzugt in kalkhaltigem Boden, machen sie manche Tiere nervös, die **das schwarze Gold der Erde** aufspüren: Trüffel. Sie lieben kalkhaltige Böden, und da sich aufgrund steigender Temperaturen der Lebensraum der Trüffel nach Norden verschiebt, erwägen Forscher, dass manche Arten in Deutschland künftig häufiger anzutreffen sein könnten, so berichtet eine Studie von Forstbotanikern der Universität Freiburg. In Baden-Württemberg wachsen allein **sieben verschiedene Trüffelarten** an 121 Orten. An 116 Stellen fanden die Forscher sogar den Burgundertrüffel, der auf der Roten Liste als vom Aussterben bedroht eingestuft ist. Weitere Exoten stehen auf der Fundliste: Teertrüffel und Großsporige Trüffel. Beide gelten als nahezu ausgestorben. Das erscheinen beste Voraussetzungen für die Region Stuttgart, die mit kalkhaltigen Böden nur so auftrumpfen kann. Wenn der Klimawandel mitspielt, steht einer künftigen Karriere als **schwäbischer Trüffelbaron** nichts mehr im Wege. Manche Sorten bringen bis zu 600 Euro pro Kilogramm. Wer weiß, welche Schätze bereits im eigenen Garten unterirdisch sprießen? Noch allerdings ist nicht vermehrt zu beobachten, dass Gütlesbesitzer ihre Betonwegeplatten durch Kalksteine ersetzen oder vemehrt Eichen anpflanzen. Auffälligstes Indiz wäre wohl, wenn sich der tierfeindliche Nachbar urplötzlich ein Hausschwein zulegt. Falls die Borstenviecher bei der Trüffelsuche einmal ausfallen sollten, werden künftige Trüffelsucher bevorzugt all diejenigen einsetzen, die bereits Erfahrung beim Spiel **„Trüffel-Schnüffel"** gesammelt haben. Hier setzen sich die Mitspieler eine Schweinenase auf, die mit einem Magneten ausgestattet ist, und versuchen damit Pilze auf ebenfalls magnetische Pappscheiben aufzunehmen und abzulegen. „Das Spiel fördert das genaue Hinschauen und die Augen-Nase-Koordination. Es ist lustig, die Nase aufzuziehen und damit die Pilze hochzuheben und nach den Regeln abzulegen (...) und erfreulich, dass hier eine Spielidee entwickelt wurde, die sich mit dem Pilzesuchen beschäftigt", schreibt der **Verein der Pilzfreunde Stuttgart e. V.**, der den Tipp in seinen „Materialien für die Pilzpädagogik" herausgibt.

Eine andere Gabe Gottes in der Region hat mit Edelmetallen zu tun, die Menschen immer schon dazu angestiftet haben, sich im besten Fall nur lächerlich zu machen und im schlimms-

Schiller deklamiert die Räuber – und übt Rache an Spiegelberg

ten Fall bösartige Dinge damit anzustellen. Zwar hat die Region nie einen Goldrausch erlebt, aber Silber ist auch nicht so schlecht, dachten sich die meist bettelarmen Leute aus dem Schwäbischen Wald im 18. Jahrhundert. Statt ihren Acker umzugraben, versuchten sich viele beim Silberausgraben – noch heute ist in **Großerlach** ein **Silberstollen** zu besichtigen. 1773 begann dort ein regelrechter Rausch. Als gegen Ende des 18. Jahrhunderts ein bisschen Silber gefunden wurde, wollten alle reich werden, und so begannen die Menschen auch **in Spiegelberg, Wüstenrot** und **Großerlach** zu buddeln, was das Zeug hielt. Bald reifte allerdings die Einsicht, dass hier nur guter Humus zu holen war und sonst leider nichts Wertvolles. Den Rückzug vom schnellen Silbergeld besiegelte zudem eine Explosion beim ersten Schmelzversuch des Erzes in der Schmelzhütte. Alle verfluchten die

„Gabe Gottes“, so der Name des Stollens. Überreste des Weges vom Silberrausch zum Katzenjammer sind heute im ehemaligen Bergwerk zu besichtigen. Der Spiegelberger Silberstollen brachte es aber immerhin zu einiger Berühmtheit. Weil Friedrich Schillers Vater an diesem Stollen Anteile gehabt und durch dessen Pleite viel Geld verloren hatte, so wird kolportiert, nahm der zweitwichtigste deutsche Dichter böse Rache. Der größte Halunke in seinem **Drama „Die Räuber“** heißt **Spiegelberg**. 1993 wurde der ehemalige Silberstollen freigelegt, der heute auf 30 Metern Länge zugänglich ist. Kinderreiche Familien werden „benachteiligt“, denn nur bis zu fünf Besucher dürfen gleichzeitig in den Stollen hinein. Der Schlüssel ist im Rathaus Großerlach erhältlich.

Robuste Kleidung ist Pflicht für große und kleine Höhlenforscher, die den Wüstenroter Silberstollen in der Pfaffenklinge erkunden und auf den Spuren des „Unverhofften Glücks“ wandeln möchten. So nannte sich der Stollen – und enttäuschte noch mehr als der in Großerlach. Hier musste man nicht einmal selbst schürfen, sondern nur Anteilsscheine erwerben, die der **Murrhardter Prälat Friedrich Christoph Oetinger** im Jahr 1772 voller Freude gegen gutes Geld verkaufte – Ähnlichkeiten zu finanztechnischen Transaktionen im 20. und 21. Jahrhundert sind rein zufällig. „Wir haben ein kostbar Silberbergwerk vier Stunden von hier gemietet. Es enthält Silber, Kupfer, Blei und Gold“, schrieb der vertrauenswürdige Prälat, der seinerseits einem Betrüger aufgesessen war. Auch ein weiteres Bergwerk, in das Offiziere und Soldaten aus der Ludwigsburger Garnison ihr Geld gesteckt hatten, wurde aufgegeben. Wer nichts mehr hat außer Gottes Wort, nimmt die **Himmelsleiter**. Die gab es damals noch nicht. Vom Silberstollen aus führt die kleine Wanderung über eine Treppe, die in den Stamm eines Mammutbaumes gehauen ist. Die Samen dazu hatte der württembergische König 1865 einst für die Wilhelma aus Amerika importiert lassen.

Wie gut, dass die riesigen Becken unterhalb des **Stuttgarter Flughafens** keine Täuschung sind. Die unterirdischen Behälter sind doppelt so groß wie das Volumen der Schleyerhalle und sammeln das gesamte Fließ- und Abwasser, das am Flughafen anfällt. Bevor das Wasser die nächste Kläranlage in Plieningen erreicht, wird es im hauseigenen Klärbecken vorbehandelt. Doch manches Unterirdische muss nicht einmal jenseits der offenen Erdkrume liegen. Oftmals sind **Politiker absolute Spezialisten** auf diesem Gebiet. Einer von ihnen fädelte im Jahr 2010 den Rückkauf von Anteilen des landeseigenen Energiekonzerns EnBW ein und verkaufte den 4,7-Milliarden-Deal als tolles **Schnäppchen**. Weil es dabei wohl alles andere als koscher zuging, hat dieser ehemalige Ministerpräsident seitdem regelmäßig Kontakt zu Richtern und Juristen – wohl mehr als ihm lieb sein dürfte. Sein Vorgängerkollege wiederum, ebenfalls an höchster Stelle des Landes eingesetzt, glänzte durch besonders **unterirdische Englischkenntnisse** – und damit ist nicht die Aussprache gemeint, die höchstens Abzug in der B-Note bedeutet. Dumm nur, dass sich via Internet eine kurze Rede aus Brüssel verbreitete, die solche grundsätzlichen Mängel in Semantik und Satzkonstruktion offenbarten, dass sogar Schülern mit miesen Englischkenntnissen der Mund offen stehen blieb. In vielen Büros ergaben sich daraufhin feixende Konversationen der folgenden Art: „What said you? I only understand train station – Oh, but that makes you nobody so fast after!“

Tiere in der Region

Wer denkt, dass in der Region Stuttgart, wie anderenorts, höchstens Hund, Katze, Maus und Elefant zu Hause sind, täuscht sich gewaltig. Hier existiert eine beeindruckende Artenvielfalt, wie sie sonst nur auf den schwer zugänglichen Bergplateaus Venezuelas zu finden ist. Wo sonst lassen sich Bambis und Bisons, Hornaffen und Halbdackel in freier Wildbahn oder gar in großen Weltkonzernen beobachten? Nur hier.

Teddys im Jungfrauenaquarium

In **Giengen an der Brenz**, auf der Ostalb, in Schwäbisch-Sibirien, wo die Hügel im Sommer lieblich, aber die Winter kalt sind, hat sich die Spezies der ebenso robusten wie niedlichen **Plüschteddybären** entwickelt. 1902 entwarf Richard, der Neffe von Margarete Steiff, den ersten Spielbären aus zotteligem Mohairfell. Als der Bär ein Jahr später erstmals noch etwas schüchtern auf der Leipziger Frühjahrsmesse auftaucht, wird er kaum beachtet. Nur ein amerikanischer Einkäufer ist begeistert. Er bestellt auf einen Schlag 3000 Bären, um sie in Amerika anzusiedeln. Sie werden dort schnell heimisch und treten kurz darauf einen weltweiten Siegeszug durch die Kinderzimmer an.

Die Teddybären sind sehr verspielt, extrem neugierig und reisefreudig. Daher lassen sie sich freiwillig in großen Kartons in alle Welt verschicken, um überall heimelige Atmospäre zu verbreiten. Sie sind duldsam und überaus liebevoll. Teddybären lassen sich knuddeln, an einem Arm durch die Gegend schleifen, und es macht ihnen auch nichts aus, wenn ihnen tapsige Händchen das Fell zerzausen. Tag wie Nacht bewachen sie Sofas, polstern Bettränder aus, posieren für Fotos, lassen sich überall hin mitnehmen und machen auch gute Miene zum bösen Spiel, wenn sie in der Ecke landen oder jahrelang auf kalten, staubigen Speichern ausharren müssen. Sie nehmen nichts krumm und lieben ihr Gegenüber bis in alle Ewigkeit. Dies könnte ein Grund dafür sein, dass sie den nicht so genügsamen Rottweilern vorgezogen werden.

Bereits ein Jahr, nachdem die ersten Teddybären das Licht der Welt erblickt hatten, verkaufte die **Firma Steiff** schon 12 000 Geschwister. Gerade einmal sieben Jahre, nachdem die an den Rollstuhl gefesselte Margarte Steiff den ersten Teddybären nähte, wurde die Millionenmarke überschritten. Aus einem

Filzkonfektionsgeschäft mit Nadelkissenproduktion wurde die **Margarete Steiff GmbH**. Die Marke Steiff ist seitdem weltweit eine Markenikone. Im Geburtshaus der Gründerin lässt sich ihre Kindheit erahnen. In einem modernen Museumsbau werden rund 2000 Exponate in Verbindung mit der Produkt- und Firmengeschichte präsentiert. Gestaltet hat den Parcours die international renommierte Stuttgarter Agentur **Milla & Partner**, die darauf spezialisiert ist, Ausstellungen, Messe und Räume zu inszenieren. Das moderne **Erlebnismuseum**, das zum 125-jährigen Bestehen des Unternehmens 2005 in Giengen eröffnet wurde, steht in unmittelbarer Nähe zu den Originalbauten des Steiff-Werks, die aus den Jahren 1903 bis 1908 stammen.

Es wird berichtet, dass sich hier früher noch Jungfrauen bei der Arbeit beobachten ließen. Der Volksmund nannte die hochmoderne Fabrikhalle das **„Jungfrauenaquarium"**. Die Konstruktion aus Stahl und Glas war damals, nicht nur in der Provinz, ein ebenso futuristisches wie wegweisendes Architekturensemble. Den Entwurf lieferte Margaretes Neffe Richard Steiff. Er reiste nach seinem Studium an der **Kunstgewerbeschule Stuttgart** mehrere Male nach England und lernte wohl dort derartige Glas-Eisen-Konstruktionen kennen, allen voran Sir Joseph Paxtons Kristallpalast für die Weltausstellung 1851 in London. Die Steiff-Fabrik musste auf die Zeitgenossen wie ein Aquarium gewirkt haben, in dem man jederzeit den vielen jungen Näherinnen bei der Arbeit zusehen konnte. Die heute noch auffallend modern wirkenden und an funktionalistische Bauweise erinnernden Hallen stehen unter Denkmalschutz. Ob sich die Jungfrauenpopulation dort erhalten hat, ist bislang nicht wissenschaftlich erwiesen und sollte ernsthaften und fleißigen Forschern vorbehalten bleiben, wie sie in der Region zuhauf zu finden sind.

Von Wasseramseln und Taleseln

Reist man weiter, trifft man an der Fils auf Wasseramseln, die entlang schnellfließender Gewässer leben, wo sie sich meist von Wasserinsekten ernähren, die sowohl tauchend als auch schwimmend erbeutet werden. Diese Vögel bauen ihre Höhlen sehr nahe am Wasserrand. Eine leicht veränderte Spezies findet sich in **Göppingen-Faurndau**. Die dortigen Einwohner tragen den hübschen Spitznamen **Wasseramsla**. Nicht bei allen Ortsnecknamen weiß man genau, wie die Bezeichnung zustande kam. Sicher ist nur, dass solche Äußerungen früher der gegenseitigen Abgrenzung dienten. Obwohl das Nachbardorf nur einen Steinwurf entfernt lag, war es doch eine andere Welt. Deutsche Ethnologen nennen die meist gegenseitig spöttischen Bezeichnungen in bestem Soziologendeutsch: joking relationships. In Faurndau liegt die Erklärung nahe, dass die Gemeinde direkt am Fluss liegt und die früheren Anwohner sich im Guten wie im Schlechten mit dem Wasser arrangieren mussten. Entlang eines bekannten Wasserweges, der ein wenig hochnäsig an Stuttgart vorbeifließt, aber von Hölderlin meisterhaft besungen wurde, schmücken sich gleich mehrere hintereinanderliegende Anrainergemeinden – **Neckartenzlingen, Neckartailfingen, Neckarhausen und Oberboihingen** – mit dem Namen **„Neckargäns"**. Es wird kolportiert, dass nicht nur echte Neckargänse Hölderlins Reime, die er im benachbarten Nürtingen über den geliebten Fluss dichtete, mit verzückter Stimme vorwärts und rückwärts schnattern können: „In deinen Tälern wachte mein Herz mir auf zum Leben / deine Wellen umspielten mich (...) Wie Leben aus dem Freudebecher / Glänzte die bläuliche Silberwelle."

Eindeutig geklärt ist hingegen die historische Herkunft der **Hornaffen**, die im Stauferland östlich von Stuttgart zu Hause sind. Mit dieser hübschen Bezeichnung müssen sich noch heute die **Hohenstaufener** herumschlagen, obwohl deren Ortsname auf höchst adlige Geburt verweist. Dumm gelaufen, denn früher nutzten die Hohenstaufener Bauern im Winter die klassischen Schlitten mit großen aufwärtsgebogenen Hörnern, um schneller mit Fracht und Familie ins Tal zu kommen. So schnell kann man sich also in den Augen der Nachbarn zum Affen machen. Und wer schon im Tal wohnt, braucht für den Spott nicht zu sorgen. Hoch droben auf der Alb thront die Burg Teck, von der aus Herzöge und Grafen ins Land schauten, während tief unten die **Unterlenninger Talesel** den ganzen Tag schufteten. Andere Esel taten am Neckar ihren Dienst. Kähne legten schwerfällige Dampfschiffe an die Kette und zogen sie mühsam flussaufwärts durch die Untiefen und Stromschnellen des Neckar. Die Kettenschlepper nannte der Volksmund **Neckaresel**.

Gewaltlose Käfer

Altbekannte Tiere finden sich neben neu entdeckten Arten. Eine außergewöhnliche Entdeckung gelang unermüdlichen Wissenschaftlern aus der Region zu Beginn des 21. Jahrhunderts. Sie entdeckten **Juchtenkäfer-Populationen** im Stuttgarter Schlossgarten. Die schwarzen Käfer sehen aus wie eine Kreuzung aus Mai- und Mistkäfer und sind entfernt verwandt mit den als edler angesehenen Skarabäus-Käfern aus Ägypten. Das kratzt den Juchtenkäfer überhaupt nicht, denn er lebt extrem zurückgezogen in alten Bäumen. Während der Käfer selbst kaum Nahrung braucht, ernährt er seine Larven bescheiden mit dem braunfaulen Mulm der Bäume. Bislang waren die kleinen Kerlchen, deren Äußeres mit Furchen, Höckern, halbkugeligen Facettenaugen, behaarten Fühlern und walzenförmigen Vorderhüften begeis-

Gewaltlos verteidigt Super-Juchti sein Revier

tert, nur ausgewiesenen Experten bekannt. Doch Eremiten, ob Tier oder Mensch, werden oft unterschätzt.

Die Männchen posieren an heißen Tagen in den Höhlenöffnungen. Dabei geben sie ihren charakteristischen Lockstoff ab, der bis zu 1000 Meter weit wirken soll und mit einem Geruch wie nach Juchtenleder oder gar nach zarten Aprikosen duftend umschrieben wird. Die Paarung erfolgt sittsam in der Baumhöhle. Aber Juchtenkäfer können noch mehr. Ganz im Sinne des gewaltlosen Protests schlugen die nur drei Zentimeter großen und vollkommen unauffälligen Insekten-Eremiten einen ganzen Konzern in die Flucht. Die vereinigten Stuttgarter Juchtenkäfer haben das geschafft, was die Gegner des Milliardenprojektes „Stuttgart 21" mit ihren Protesten nicht erreicht haben. Die Deutsche Bahn durfte unter Androhung eines Zwangsgeldes im Stuttgarter Schlossgarten keine Bäume mehr fällen. Die Staatsanwaltschaft Stuttgart hat im November 2011 gegen Verantwortliche einen Strafbefehl wegen Verstoßes gegen das Bundesnaturschutzgesetz beantragt. Politisch ist Stuttgart 21 nach dem Volksentscheid zwar kaum mehr zu stoppen. Juristisch haben die Gegner aber einen Sieg errungen. Sogar ein Super-Juchti ist aufgetaucht. Der **Comic-Klon auf Facebook** hat bereits viele tausend Freunde. Der Juchtenkäfer ist eindeutig das Überraschungstier des Jahrzehnts.

Während der gemeine Käfer ums Überleben kämpft, vermehren sich andere Tiere wie die sprichwörtlichen Karnickel. Doch auch sie kommen nicht ungeschoren davon. Sie entstehen zu Millionen, beeindrucken mit langen Ohren, tragen quietschbunte, glänzende Klamotten und machen gute Miene zum bösen Spiel, denn ihr einziger Lebenszweck ist es, gegessen zu werden. Rund 50 Millionen ihrer Art erblicken jährlich in **Dettingen/ Teck** das Licht der Welt. Nach kurzer Reise stehen sie dann aufgereiht in den Regalen der Supermärkte dieser Welt. Es sind **Osterhasen** der **Firma Rübezahl**, die auch Marken wie Gubor und schokoladige Lizenzartikel von Disney vertreibt und in der

Vermehren sich wie die Karnickel: Osterhasen der Firma Rübezahl

Weihnachtszeit mit 30 Millionen Stück **weltweit einer der größten Hersteller** von Schokoladen-Adventskalendern ist, die in 50 Länder exportiert werden. Das Unternehmen hat 1967 in Deutschland die industrielle Hohlkörperproduktion eingeführt. Vor einigen Jahren ist das schwäbische Unternehmen sogar zum Hoflieferanten ernannt worden. Togbui Ngoryifia Olatidoye Kosi Céphas Bansah, König von Hohoe Ghana, bezieht seine Schokolade aus Dettingen/Teck. Man mag sich gar nicht vorstellen, wie viel Spaß es auch einem König machen könnte, versteckte Osterhasen zu suchen.

Die spinnen, die Philosophen

Dagegen macht sich die weise **Spinne**, die schon viel gesehen hat und deren Urmutter Arachne unsere Schicksalsfäden in der Hand hält, nicht mit Insekten gemein. Sie ist stolz auf zwei zusätzliche Beine und knüpft ihre eigenen Fäden. Ein außergewöhnlich stattliches und schönes Exemplar hat sich an einem Giebel in **Stuttgart-Zuffenhausen** eingenistet. In der Schwieberdingerstraße 58 befanden sich ehemals die Büros der **Textilfabrik Horkheimer**, über die eine steinerne Spinne wachte. Hier ging Max Horkheimer, der Sohn des Gründers, in die Lehre, nachdem er seine Schulzeit am Stuttgarter Dillmann-Gymnasium bereits mit 15 Jahren abgebrochen hatte. Ob es die unmittelbaren Erfahrungen dort mit sich brachten, dass er den Kapitalismus später als Sozialphilosoph umso heftiger kritisierte? **Max Horkheimer** spann seine eigenen Fäden. Statt in Textilien machte er in Philosophie. Er gehört neben Theodor Adorno zu den populärsten Köpfen der sogenannten Frankfurter Schule, deren Vertreter eine kritische Haltung zur Gesellschaft einnahmen. Manche denken, dass Philosophen ohnehin spinnen.

Die größte Spinne in der Region sitzt in Zuffenhausen

Andere sind der Meinung, dass Horkheimer besonders gut gesponnen habe. Die Erfahrungen des Nationalsozialismus und der Shoah waren für den emigrierten Juden Horkheimer prägend. Als Vertreter der Kritischen Theorie beschäftigte er sich mit der Frage, wie sich eine solche Katastrophe auf das philosophische Denken und die Rolle der Vernunft auswirkt. 1931 gründete Horkheimer das Institut für Sozialforschung in Frankfurt am Main, das 1950 wieder eröffnet wurde. Dort bekleidete er auch zwei Jahre lang den Posten des Rektors der Universität. Die berühmte Essaysammlung „Dialektik der Aufklärung", die er bereits 1947 im Exil gemeinsam mit Adorno verfasst hat, erschien erst 1969 in Deutschland. Die Studien des Instituts sahen im Übrigen mit Sorge auf die Möglichkeiten des Kapitalismus, kritisches wie revolutionäres Bewusstsein zu zerstören. Nach der Rückkehr Adornos und Horkheimers aus der Emigration an die Goethe-Universität (1950) gewann die Frankfurter Schule für die 68er-Bewegung große Bedeutung. Die Horkheimer-Fabrik wurde vor Jahren abgerissen. Der stehen gebliebene, typische **Backsteinbau der Jahrhundertwende** ist seit 1988 in Privatbesitz und beherbergt Büros und Firmen. Um die Ecke, im Stadtpark in Zuffenhausen, begegnet man dem Mann, der die Welt hinterfragte, als **Denkmal in Stein und Moos**. Sein Gesicht lugt unter den Wasserströmen hervor.

Pinguine aus dem Labor

Ob philosophischer Geist oder smarte Fauna – für beides braucht es Grips. **Quallen** schweben majestätisch durch die Luft, elegante **Pinguine** mit Logo auf dem Rücken gleiten wendig durchs Wasserbecken und smarte Silbermöwen landen direkt neben dem Schreibtisch. Dies ist keine Szenerie aus einer Science-Fiction-Geschichte. AirJelly, AquaPenguin und SmartBird sind ferngesteuerte Wunderwerke der Technik. **Festo**, einer der **weltweit führenden Anbieter** von pneumatischer und elektrischer Technologie, macht der altehrwürdigen Wilhelma zwar keine Konkurrenz, hat aber mittlerweile einen Tiergarten der ganz eigenen Art entwickelt.

Ist das eine Spielerei verrückter Ingenieure? Nein, das nennt sich Bionik. Seit vielen Jahren forscht das Esslinger Familienunternehmen in diesem zukunftsweisenden Bereich, der Erkenntnisse aus der Natur mit neuester Technik zusammenführt. Trotzdem fragt sich der Laie, wozu das Ganze bitteschön nützlich sein soll. Die fliegende Qualle beispielsweise ist der gelungene Versuch, neue Antriebsformen zu finden. **AirJelly** ist weltweit das erste Indoor-Flugobjekt mit peristaltischem Antrieb. Das heißt, es bewegt sich mithilfe von Tentakeln, die

Der Pinguin, der Tierschützer zum Narren hielt

Muskelkontraktionen nachahmen. Gesteuert wird das ausgetüftelte Fabeltier einfach durch Gewichtsverlagerung.

Noch faszinierender erscheinen die **AquaPenguins**. Sie ähneln ihren Naturvorbildern im Aussehen und der Bewegung so sehr, dass Messebesucher beinahe Tierschützer auf den Plan riefen, weil die armen Wesen das Festo-Logo auf dem Rücken trugen. Die künstlichen Pinguine werden wohl als autonome Unterwasserfahrzeuge Karriere machen, denn mit ihrer Wendigkeit lassen sie jede U-Boot-Kapsel tapsig aussehen. Die Wasserkünstler orientieren sich dank eines 3-D-Sonars selbstständig und ecken deshalb nicht an. Da sich Kopf und Schwanz in alle Richtungen bewegen lassen, können die Festo-Pinguine auf engstem Raum manövrieren, auf der Stelle wenden und anders als ihr biologisches Vorbild sogar rückwärts schwimmen. Weltweit einzigartig in der Robotertechnik ist der in alle Richtungen bewegliche Rumpf. Die Struktur haben sich die Tüftler bei Festo von der Schwanzflosse eines Fisches abgeschaut. Die wendige Konstruktion kann auch in der Automation als flexible Handhabungstechnik eingesetzt werden.

Seit Neuestem haben die Forscher aus Esslingen sogar einen Vogel. So faszinierend es auch sein mag, dass ein Flugzeug in der Luft bleibt, so beeindruckend ist es, den **SmartBird** fliegen zu sehen, der einer riesigen Silbermöwe nachempfunden ist. Dagegen wirken starre Tragflächen hölzern und altbacken. Beim SmartBird bewegen sich die Flügel wie die Schwingen eines Vogels. Das Flugtier aus dem Ingenieurlabor kann also ohne Antrieb von selbst starten, fliegen und landen. Festo wird die Erkenntnisse nutzen, um sie in hybrider Antriebstechnologie einzusetzen. Bereits jetzt nutzt das Unternehmen das Knowhow im Strömungsverhalten für die Entwicklung von Zylindern und Ventilen.

Fest steht, dass sich die Ingenieure von Festo immer auf das Wesentliche konzentrieren. Neulich hätten sie beinahe ein riesiges graues Tier erfunden. Aus dem Hut gezaubert haben sie dann etwas, das exakt wie ein **Greifrüssel** funktioniert – nur ohne **Elefant** hintendran.

Schwarz-gelbes Erfolgsmodell

Eine Kunstfigur ganz anderer Art ist der **Salamander**. Er nennt sich Lurchi und hat Generationen von Kindern zu neuen Schuhen verholfen, denn die lieben Kleinen hielten das öde Anprobieren nur durch, weil sie danach ein neues Heftchen mit **Lurchis spannenden Abenteuern** mit nach Hause nehmen durften. Was heute als Customer Relationship Management,

Weltweite Verbreitung: Salamander kornwestheimensis

Cross Media Branding und derlei mehr marketingschreierischem Gegackere verkauft wird, gehörte für die Traditionsschuhmarke Salamander schon früh zum Geschäft. Und Lurchi war der Held, der mit Grips, stabilen Schuhen und einem bunten Freundeskreis ausgestattet für jedes Problem die richtige Lösung fand. 1885 begann der damals 23-jährige Schuhmacher **Jakob Sigle** Schusters Rappen mechanisch zu produzieren und katapultierte damit den kleinen Ort Kornwestheim ins Industriezeitalter. Sigle war sich des Wertes seines Unternehmens früh bewusst und meldete 1904, gemeinsam mit seinem Partner **Max Levi**, Salamander als Wort- und Bildmarke an. Der Berliner Schuhhändler **Rudolf Moos**, der anfangs in das Unternehmen einstieg, schuf das einprägsame Logo des Salamanders. So wird erzählt, dass ihm die Idee dazu angesichts eines Reklamebilds mit einer **Salamanderbrosche** kam. Da ihm die internationale

Ausrichtung der Marke vorschwebte, war es wichtig, dass der Name in verschiedenen Sprachen gut auszusprechen ist – heutzutage für Firmen eine Selbstverständlichkeit. Die riesige Fabrik, die kurz darauf gebaut wurde, steht heute noch repräsentativ mitten in der Stadt. Als genial erwies sich die Idee, eigene Filialen aufzubauen, unter anderem in Berlin, wo Lurchis Schuhe an einer der feinsten Adressen, in der Tauentzienstraße, ausgestellt wurden. Schon 1914 produzierten fast 3000 Mitarbeiter über 2 Millionen Paar Schuhe. In den 20er-Jahren des letzten Jahrhunderts ist der Salamander aus **Kornwestheim** bekannt wie ein bunter Hund, die Marke in 123 Staaten geschützt und das Unternehmen der weltgrößte Schuhfabrikant. 1937 erscheint das erste Lurchi-Heft. 1967, zur Zeit seiner größten Blüte, beschäftigt Salamander weltweit knapp 18 000 Menschen in der Schuhfabrikation und fertigt 13 Millionen Paar Schuhe im Jahr. Als in den Siebzigerjahren billige Exporte den heimischen Schuhherstellern das Leben zunehmend erschwerten, musste sich auch der Salamander geschlagen geben. Nach vielem Hin und Her wurde die Fabrikation aufgelöst und die Markenrechte landeten 2009 bei der Ara AG. Das ehemalige **Salamandergebäude** in der typischen Ziegelarchitektur der Gründerzeit lebt heute in einer bunten Nutzungsmischung wieder auf. Wohnungen, Büros, Geschäfte, eine Kindertagesstätte sowie das komplette **Grundbucharchiv Baden-Württembergs** haben hier ihr Domizil gefunden. Und jetzt alle im Chor: „Salamander lebe hoch!"

Handwerker lieben lange Hälse

Hoch hinaus will auch die **Giraffe**. Sie muss es auch, sonst bekommt sie nicht genügend Futter und das Verhältnis von Körpergröße und Umfang würde noch prekärer. Die sanftäugigen Langbeiner in der Wilhelma haben mittlerweile Konkurrenz aus dem technischen Lager bekommen. Bei Malern und Trockenbauern stellte sich immer die Frage, wie komme ich am einfachsten an Wand und Decke. Bislang sah man Leitern und Gerüste als ausreichend an. An Giraffen dachte hingegen niemand. Bis der Elektrowerkzeughersteller **Flex** eines Tages kam und einen **Langhalsschleifer** entwickelte, der sich Flex Giraffe nennt und auch so ähnlich aussieht. Wer beim Namen „Flex" automatisch geistig zuckt, ist mit Synapsen ausgestattet, um die er sich keine Sorgen zu machen braucht. Das Unternehmen Flex-Elektrowerkzeuge aus Steinheim an der Murr kann die Erfindung des **Winkelschleifers** für sich beanspruchen. Das Werkzeug, mit einer flexiblen Welle ausgestattet, wurde 1922 erfunden. Daraus entwickelten sich die heutige Unternehmensmarke Flex sowie das gleichnamige Verb, das aus dem deutschen Sprachgebrauch nicht mehr wegzudenken ist.

Lieber ein ganzer Dackel

Dass in der Region Stuttgart auch viele Hunde leben, lässt sich leicht ausrechnen. Dass darunter die Dackel besonders verbreitet sind, ist vielen Menschen auch außerhalb des Landstrichs nicht bewusst. Dies mag daran liegen, dass die meisten Dackel polizeilich zwar gemeldet sind, allerdings nicht beim Ordnungs-, sondern dem Einwohnermeldeamt. Sie bewegen sich völlig unauffällig durch den Alltag und tragen überdies keine Hundemarke. Prägende Gemeinsamkeiten sind nicht auszumachen. Manche tragen Diamantcolliers, andere Arschgeweihe, die einen fahren Porsche, die Nächsten angeln. Nur manchmal treten sie hervor, dann nämlich, wenn sie doch urplötzlich von jemandem identifiziert werden, der ihnen „Du Dackel" zuruft oder, noch

Voilà – der beleidigende schwäbische Superlativ durch Halbierung

schlimmer, **„Halbdackel“**. Dann wird ein normaler Mensch mit dem schlimmsten aller schwäbischen Schimpfworte bedacht. Denn der Halbdackel ist eine **spezielle Steigerungsform** im Schwäbischen. Es handelt sich um den Superlativ durch Halbierung.

Warum ein pfiffiger Hund letztlich zum schlimmsten Schimpfwort nördlich von Tübingen und südlich von Heilbronn wurde, weiß niemand so genau. Belegt ist, dass Dackele früher ein mitleidiger Ausdruck für schwachsinnige Kinder war. Als 1906 im Württembergischen Landtag das Hilfsschulwesen für Schwachbegabte beraten wurde, berichtete ein Sachverständiger, dass die Hilfsschule im Volksmund geringschätzig als „Schule für Halbdackel“ oder „Dackelschule“ bezeichnet werde. Wer sich hingegen als **„Grasdackel“** tituliert sieht, mag unbesorgt sein. Das ist längst nicht so schlimm wie ein Halbdackel. Und die Verwandlung geht wieder vorbei. Spätestens, wenn der bös Beleidigende aus dem Blickfeld verschwunden ist, gibt es einen Dackel weniger in der Region.

Für die Ewigkeit

Die Region hat auch durchaus glamouröse Tiere vorzuweisen. Zwar lässt sich über die jährliche Bambi-Verleihung streiten, nicht aber über das **Bambi**. Das vergoldete Rehkitz stammt sinnigerweise aus Süßen, einer kleinen Gemeinde unweit von Göppingen. Das Bambi ist eigentlich der Bambi, denn das niedliche Rehkitz steht stellvertretend für den ältesten deutschen Medien- und Fernsehpreis. In seinem ersten Lebensjahrzehnt trat das Kitz noch deutlich bescheidener und kindlicher auf. Die Auszeichnung, nach der Fernsehschaffende und Prominente lechzen, war **bis 1958 aus weißem Porzellan** gefertigt und wurde im badischen Ausland, in der **Karlsruher Majolika-Manufaktur,** hergestellt. Beinahe könnte man meinen, das deutsche Bambi sei ein lieb gemeinter Klon von Walt Disneys berühmtem Vorbild und ideal für das Wunschbild einer heilen und intakten Welt. Entworfen hatte es die **Bildhauerin Else Bach** aus Pforzheim. Erst danach wurde der Auftrag an die **Kunstgießerei Ernst Strassacker** im schwäbischen **Süßen** vergeben. In der Zeit der glanzvollen Hollywoodstars wollte das württembergische Bambi nicht zurückstehen, schließlich war auch Deutschland wieder wer. Es legte sich einen Bronzekörper zu und warf sich in ein goldenes Kleid. Seitdem kann das Bambi aus Süßen mit jeder Filmdiva mithalten. Sein größter Trumpf – es bleibt ewig jung und schön.

Frankfurt hat Bulle und Bär. Stuttgart hat einen **Bison**, einen Bullen der besonderen Art. Dieser bewacht immer noch den Eingang der ehemaligen **Biesinger-Werke** in **Untertürkheim** in der Augsburger Straße 225. Der Bison, ein Symbol für Stärke, Dynamik und Freiheit, war das Markenzeichen der chemischen Fabrik von Josef Biesinger, das 1879 in der Traubenstraße 8a gegründet wurde. 1927 zog das wachsende Unterneh-

Bison auf dem Dach und die Hexenküche drunter

men um. Eine staunenswerte Menge von Fabrikaten wurde hier mit neuesten Maschinen und Methoden hergestellt. In der **Hexenküche der Moderne** entstanden Tinten und Tuschen aller Farben, dazu Kreiden, Radiergummis, Modelliermassen, Schnitt- und Sprengfarben für Buchbinder, Siegellacke, Stempelkissen und Klebstoffe für alle Zwecke, ebenso wie chemische Produkte für Fotografie und Wissenschaft, Federhalterschalen aus Holz, Kunstharz oder Horn, Schwammdosen, Siegellack, später dann Tintenpatronen und moderne Flexodruckfarben. Noch in den 1930er-Jahren wird stolz vermerkt, dass die Waren „in wärme- und kältebeständiger Verpackung bis nach Niederländisch-Indien hinunter und bis nach Island hinauf versandt" werden. 2007 war Schluss. Die Marke wurde aufgelöst, die Firma erlosch und „**Bison – der wasserfeste Alleskleber**" lebt wahrscheinlich als eingetrocknete Mumie in alten Werkstätten weiter. Bambi und Bison müssen sich also eher nicht um ihre Zukunft sorgen. Für andere Vierbeiner gibt es mittlerweile zwei **Tierfriedhöfe** in Stuttgart, wo die langjährigen Begleiter würdig und respektvoll ihren letzten Platz finden. Der eine liegt in **Stuttgart-Fasanenhof** zwischen der Stadtgärtnerei und dem Sportplatz. Der andere befindet sich am Katzenbach, zwischen **Hedelfingen** und Heumaden. Beide Orte bieten die Möglichkeit, Schmerz und Trauer zu bewältigen, wenn das Haustier stirbt. Oft sind es langjährige Begleiter, bei alten einsamen Menschen beinahe Lebensgefährten und meist auch Seelentröster. Sogar **Schlangen** gibt es hier zur Genüge: Man schaue nur auf die Straßen und Autobahnen. Seit Götz Adriani **Tübingen** den Rücken gekehrt hat, sind die legendären Riesenschlangen aus Menschenfleisch vor der Kunsthalle ausgestorben. Sie wurden damals nicht in Metern, sondern in Stunden gemessen.

Das mächtigste Tier, das die Region zu bieten hat, liefert das Kernstück des Baden-Württembergischen Landeswappens. Die drei schreitenden schwarzen **Löwen** mit roten Zungen stammen aus dem Wappen der Staufer, die im Mittelalter Kaiser des Heiligen Römischen Reiches Deutscher Nation und Herzöge von Schwaben waren.

Pflanzen in der Region

Nein, nein, die Region rund um Stuttgart besteht nicht allein aus Wald, Rebenhängen und quietschroten Geranienbomben an den Balkonen oder penibel manikürten Vorgärten mit stakeligen Rosen, immergleichen Riesentulpen und den allgegenwärtigen Thujahecken. Hier reckt sich das Filderkraut stolz gen Himmel, adelige Pomeranzen grüßen hoheitsvoll, die schnellste Gurke auf vier Rädern wurde hier erfunden, es gibt sogar eine Kinderstube für Weihnachtssterne, und Blumenkinder erblicken im Labor das Licht der Welt.

Aromatisches Wahrzeichen der Region

Früher wuchsen gegen den Hunger viele Kräuter. In der Region Stuttgart war es das **Filderkraut**, benannt nach dem eher unspektakulären Landstrich, der sich zwischen dem Vaihinger Autobahnkreuz und der Gegend um den Fernsehturm bis zum Schönbuch und im Osten und Süden bis zum Neckar- und Aichtal ausdehnt. Das leicht gewellte Land, das an der **Bernhartshöhe bei Vaihingen** (549 m), einer der höchsten (allerdings künstlich aufgeschütteten) Erhebungen Stuttgarts, und am Bopser Mittelgebirgsniveau erreicht, hat es in sich. Die Hochebene besitzt einen der **fruchtbarsten Böden Deutschlands**, weil sich dort während der letzten Eiszeit eine mehrere Meter starke Lössschicht absenkte. Auf dem Lösslehm fühlt sich nicht nur das Spitzkraut besonders wohl. **Filder**, so nannten unsere mittelalterlichen Vorfahren ihre Felder und Äcker. Auf den Fildern, so der heute gebräuchliche Plural, sind erste Siedlungsspuren seit der Jungsteinzeit bekannt. Schon vor 7500 Jahren wurden hier die ersten Äckerle bestellt und haben ihre Nutzer gut ernährt.

Damals war der Weißkohl nur in Ägypten bekannt. Die Römer, die sich bei vielen Kulturen eine Menge abguckten, führten das wohlschmeckende Wunderkraut dann in hiesige Gefilde ein. Die erste urkundliche Erwähnung des Krautanbaus in unseren Breiten stammt aus dem Jahre 1501. Bis heute ist unklar, ob das Filderkraut durch Mutation oder Züchtung entstanden ist. Angeblich soll seine **Züchtung auf die Mönche des Denkendorfer Klosters** zurückgehen. Der **Bernhäuser Pfarrer Bischoff** war 1772 der Erste, der das Filderkraut beim Namen nannte: „Was das Filderkraut besonders geschätzt macht, ist seine feine Zartheit in den Blättern, seine weiße Farbe und überhaupt ein besserer Wohlgeschmack, worin es sich (…) auszeichnet.“

Womöglich liegt es nicht allein an den weicheren Blättern und zarteren Rippen, sondern auch an der besonderen Art des Filderbodens, dass dem Filderkraut ein besonderes Aroma zugesprochen wird, ähnlich wie beim Weinbau die Bodenbeschaffenheit den Geschmack des Rebensaftes beeinflusst. Nicht umsonst wurde das Filder-Spitzkraut in die **Arche des Geschmacks** bei Slow Food aufgenommen. Das Spitzkraut war ehemals das **Wahrzeichen der Region**, und die krautverarbeitenden Fabriken spielten lange Zeit neben dem Krauthandel eine wichtige Rolle im Wirtschaftsleben. Das weiße Kraut war ein gewichtiger **Teil der Pfarrbesoldung**, des sogenannten kleinen Zehnten, den die Kirchengemeinde abzuliefern hatte, damit der Pfarrer nicht verhungerte und seine Schäflein im Gegenzug mit bibelfester Kost füttern konnte. So war **Echterdingen** bis ins 19. Jahrhundert hinein als die am besten besoldete Pfarrei des gesamten Landes bekannt. **Philipp Matthäus Hahn**, der von 1781 bis 1790 dort als Pfarrer wirkte, aß selbst gerne Filderkraut und erwähnte es mehrmals in seinen Echterdinger Tagebüchern.

Um 1900 war Echterdingen mit 168 Hektar Anbaufläche die größte Krautgemeinde auf den Fildern. Einen willkommenen Zusatzverdienst für die arme Bevölkerung boten die neu gegründeten **Sauerkrautfabriken** wie Otto Sommer, Erstkraut und Hofmann (Edelweiß). Heute ist das Filderkraut beinahe zu einer raren Delikatesse geworden, und von den ehemals rund 20 Sauerkrautfabriken existieren nur noch drei. Zwar sind die Fildern immer noch die größte zusammenhängende Krautanbauregion in Baden-Württemberg, allerdings werden heute vorwiegend runde Krautköpfe angebaut, weil sie sich einfacher verarbeiten lassen. Der extrem lange und kräftige Strunk des Spitzkrauts widersetzt sich den regulären Maschinen. Hinzu kommt die geringere Ausbeute gegenüber dem Rundkohl, da das Spitzkraut deutlich saftiger ist. Doch einmal im Jahr steht die

Spitzenleistung der Krautkultur im Mittelpunkt. Seit 1979 feiert **Leinfelden-Echterdingen** im Herbst das **Krautfest**. Interessanterweise enthält das nicht zu lange gekochte Gemüse mehr Vitamin C als in rohem Zustand. 300 Gramm Weißkohl reichen für die empfohlene Tagesdosis aus, und das Kraut wirkt zusätzlich als natürliches **Antibiotikum**. Nur in Notzeiten machte der ansonsten sehr geschätzte Kohl manchmal Ärger. Zu viel davon kann die Schilddrüse vergrößern – von den verdauungsfördernden Maßnahmen einmal ganz zu schweigen. Dafür sehen unsere Autos, Waschbecken oder Fensterscheiben womöglich in naher oder ferner Zukunft aus wie Krautblätter. Wie bitte? An Weißkrautblättern perlt das Wasser in Tropfen ab und nimmt dabei auf der Oberfläche anhaftende Schmutzpartikel mit. Womöglich verhilft der berühmte Lotuseffekt – warum in die Ferne schweifen, wo das Gute liegt so nah – dem berühmten Traditionskraut noch zu einer **zweiten Karriere im Nanobereich**: Bionik, bitte übernehmen sie!

Pflanzen für Technikfreaks

Bionik ist das neue Kreativwerkzeug der Ingenieure und die Natur das Vorbild für die Technik. Ob Lotuseffekt, Schachtelhalm, Geckofuß oder Quallenglibber – die Bionik ist ein relativ neuer Zweig der Wissenschaft und bezeichnet die Paarung von Biologie und Technik. Das Abschauen von der Natur hat eine Geschichte, die mindestens bis zu Leonardo da Vinci zurückreicht, der sich für seine Flugapparate von Vögeln inspirieren ließ. In der Region Stuttgart schrieb die **Holzgerlinger Firma Gottlieb Binder**, die 1798 als Bandweberei gegründet wurde, 1956 mit einem der ersten aus der Bionik entwickelten Produkte Industriegeschichte – dem **Klettverschluss**. Von einem

Die Natur hemmungslos kopiert – der Klettverschluss

Schweizer, der als Erster die Vorteile der elend haftenden Kletten in ein Produkt verwandelte, erwarb Binder die Lizenz und brachte zu Beginn der 1960er-Jahre den ersten Klettverschluss auf den deutschen Markt. Damit setzte er Maßstäbe in der bionischen Forschung. Und noch eine weitere Firma sei erwähnt: Seit mehr als 30 Jahren stellt die **Firma Rampf** aus **Grafenberg** (Kreis Esslingen) Dichtungsmittel und Beschichtungen her. Das familiengeführte Unternehmen forscht seit einigen Jahren gemeinsam mit der Universität Freiburg, wie sich die Selbstheilungskraft von **Lianen** auf Kunststoffschaum übertragen lässt. Ob Veranstaltungshalle, Brücke oder Schlauchboot, sie könnten von dieser innovativen Technik profitieren, die in absehbarer Zeit einsatzreif sein soll.

Andere haben heimische Gewächse genauer unter die Lupe genommen. Der **Schachtelhalm** ist ein ziemlich zähes und extrem biegsames Unkraut. Ingenieuren des **Instituts für Textil-**

und Verfahrenstechnik Denkendorf ist es gemeinsam mit Freiburger Biologen gelungen, verschiedene Konstruktionsprinzipien der Natur in einem vollkommen neuartigen technischen Produkt miteinander zu kombinieren. Der technische Pflanzenhalm funktioniert wie ein hochmoderner Faserverbundwerkstoff, der dank der Konstruktion mit Hohlräumen und T-Trägern leicht und stabil zugleich ist. Er lässt sich wie sein natürliches Vorbild biegen, knickt aber nicht und dämpft Schwingungen ab. In den einzelnen Kanälen können beispielsweise Elektrokabel oder Flüssigkeitsleitungen verlegt werden. Dieses Leichtbauprodukt lässt sich in der Luft- und Raumfahrt ebenso einsetzen wie im Automobilbau oder bei der Entwicklung von Sportgeräten. Das Produkt ist mittlerweile zum Patent angemeldet. Das **Institut für Textil- und Verfahrenstechnik** ist das größte in Deutschland und gehört international zu den renommiertesten seiner Art. Das ITV betreibt international vernetzt anwendungsbezogene Forschung, auch im Auftrag von Unternehmen, die sich ein Forschungs- und Entwicklungslabor in diesem Ausmaß gar nicht leisten können. In Denkendorf entstehen viele Produkte von übermorgen, die in der Medizintechnik, in der Luftfahrt oder im Automobilbau Eingang finden.

Dass **Strelitzien**, auch als Paradiesvogelblume bekannt, einmal als Vorbild für stufenlos verstellbare Markisen dienen würden, schmerzt allerhöchstens Romantiker. Sie besitzen einen scharnierlosen Klappmechanismus, der beim Bestäuben der Pflanze zum Einsatz kommt. Auch hier war das ITV Denkendorf beteiligt ebenso wie Wissenschaftler der Universität Stuttgart, die seit Langem elastische Pflanzenbewegungen untersuchen, um bewegliche Folien und Membranen für Fassaden und Verschattungen zu entwickeln. Den Mechanismus der Strelitzie hat die **Markisenfirma Clauss** aus **Bissingen an der Teck** aufgegriffen und in stufenlos verstellbare Lamellen umgesetzt.

Entworfen in Stuttgart – das wichtigste deutsche Gebäude aller Zeiten

Das **Institut für Tragwerkskonstruktionen an der Universität Stuttgart** gehört seit den Tagen, als der **Architekt Frei Otto** 1964 das Institut für Leichte Flächentragwerke gründete – heute Institut für Leichtbau Entwerfen und Konstruieren (ILEK) – zu den weltweit absoluten Top-Forschungsstätten. Frei Otto, der 1985 auch den Sonderforschungsbereich „Natürliche Konstruktionen" initiierte, verwirklichte von 1968 bis 1972 gemeinsam mit Günter Behnisch und dessen Stuttgarter Architekturbüro die **Überdachung des Olympiageländes in München**. Letztlich war es der Stuttgarter Bauingenieur Jörg Schlaich, der den Entwurf technisch baubar machte. Das Architekturmagazin Häuser wählte dieses Ensemble 2003 zum **wichtigsten deutschen Gebäude aller Zeiten**. Der Stuttgarter Ingenieur war ehemals Professor an der Universität Stuttgart und ist Mitinhaber des Ingenieurbüros Schlaich Bergermann und Partner (SBP), das weltweit anspruchvollste Projekte realisiert, vom filigranen Killesbergturm bis zum ausladenden WM-Stadion in Südafrika. **Jörg Schlaich**, der aus **Kernen im Remstal** gebürtig ist, ist ein weltweit anerkannter Fachmann für unkonventionelle Ingenieurbauwerke, eine Koryphäe auf seinem Gebiet.

Die Pflanzen Gottes

Fachleute gab es zu allen Zeiten, so auch im berühmten **Kloster Maulbronn**, das am Rande des Strombergs im Kraichgau nördlich des Schwarzwaldes liegt. Was heute die Wissenschaftler sind, waren früher die Mönche. Sie waren die Gelehrten des Mittelalters, die das kostbare Wissen der Antike in ihren Bibliotheken horteten und noch dazu viel handwerkliches Wissen und Können entwickelten und weitergaben. Maulbronn ist nur ein Beispiel unter vielen, doch wartet das Kloster mit der **am besten erhaltenen mittelalterlichen Anlage nördlich der Alpen** auf und ist wahrlich beeindruckend. 1993 erhielt das Kloster höchste Weihen, denn seither gehört es bereits zum **Weltkulturerbe der UNESCO**. Neben der imposanten Anlage ist der Klostergarten zu besichtigen. Statt der Mönche vergangener Tage gibt hier heutzutage die **„Kräuterhexe“** Einblicke in die Geheimnisse eines mittelalterlichen Klostergartens. Die Kräuterweiber des Mittelalters waren aus heutiger Sicht kundige bis sehr gelehrte Frauen, die altes Wissen bewahrten und weitergaben, misstrauisch beäugt von den Kirchenpatriarchen und später oft genug grausam verfolgt. Bei einem Rundgang erzählt die Kräuterhexe von der Pflanzenkunde des Mittelalters, erklärt die heutige Verwendung der Pflanzen und berichtet Anekdoten und Geschichten aus der Zeit, als die Mönche Heilkunde betrieben wie auch Nutzpflanzen kultivierten und neue Sorten züchteten. Sie waren Gärtner, Bauern, Apotheker und Ärzte in Personalunion. Im

Schutz der Klostermauern wuchsen mit der Zeit sogar Pflanzen aus dem Mittelmeerraum wie Fenchel oder Liebstöckel.

Der mittelalterliche Klostergarten verweist in vielerlei Hinsicht auf die christliche Lehre. Die Wege folgen in ihrem Grundriss einem Kreuz. In der Mitte ist oftmals ein kleiner Brunnen zu finden, der das ewige Leben symbolisiert und auf die vier Ströme des Paradieses verweist, wie auch der gesamte Garten nicht nur ein Abbild der Schöpfung Gottes darstellt, sondern auch des Paradieses, einem unerreichbaren Ort der Sehnsucht. Jede Pflanze und jede Blume wurde neben ihrer Heil- oder Zerstörungskraft als Giftpflanze auch symbolisch gedeutet. So standen etwa Getreideähren für Fülle und Fruchtbarkeit und symbolisierten das Brot des Lebens. Auch das **Kloster Maulbronn hatte mit seinen Gärten maßgeblichen Einfluss auf die Pflanzenwelt**, die wir heute als selbstverständlich in unserem Lebensraum betrachten. Ohne das Wissen der Mönche würden wir uns heute womöglich anders ernähren. Selbst die scheinbar modernste Medizin und Kosmetik fußt immer noch auf diesem jahrhundertealten Wissen. Der hochgiftige Fingerhut, lateinisch Digitalis, wird in Herzpräparaten eingesetzt, und die ewig schöne Rose, ein Mariensymbol, macht auch noch im 21. Jahrhundert die Haut noch ein bisschen schöner – allen Nano-Superkomplex-Turbo-Effekt-Cremes „grad zom Possa“, wie der Schwabe so schön sagt.

Die Wirkstoffe des Rosenöls machen zwar aus der Sophie keine Marie, aber manch ein **Hollywoodstar** schwört nicht allein auf Botox und Lifting, sondern auch auf Rosencreme und **Naturkosmetik** aus der Region Stuttgart. Die Damen im Rampenlicht wissen die ausgezeichnete Qualität der hier produzierten hochwertigen Pflegeprodukte von Dr. Hauschka Kosmetik zu schätzen. Die **Wala Heilmittel GmbH**, die ihren Sitz mittlerweile im beschaulichen **Eckwälden/Bad Boll** im Kreis Göppingen hat, entwickelt auch Arzneimittel, die auf anthroposophischen Grundlagen fußen. Lange bevor es schick wurde, mit Bio- und Öko-Siegeln zu werben oder modische Schlagworte wie Sustainability zum Wortschatz von Unternehmensberatern gehörten, vertrat man in Bad Boll eine Philosophie, in der **Natur und Nachhaltigkeit** so selbstverständlich zu den Unternehmensprinzipien gehören wie die Wirtschaftlichkeit.

Im Jahr 1935 gründete der aus Wien stammende **Rudolf Hauschka** sein Unternehmen in **Ludwigsburg**. Er hatte sowohl Medizin als auch Chemie studiert und beschäftigte sich nach einer persönlichen Begegnung mit **Rudolf Steiner** mit dessen Ideenwelt und setzte die Gedanken des Begründers der Anthroposophie in seinem Unternehmen um. Das NS-Regime schloss sein Laboratorium und inhaftierte den Firmengründer. Seit 1950 hat das Unternehmen seinen Sitz in Eckwälden. Natürliche Inhaltsstoffe in konstant hoher Qualität und jederzeit verfügbar herzustellen, ist eine besondere Herausforderung. Wer den firmeneigenen **Heilpflanzengarten** besucht, wähnt sich eher in einem schönen Zier- und Staudengarten als auf einer unternehmerisch genutzten Anbaufläche. Einen Heilpflanzengarten auf dem schweren Lehmboden am Rand der Schwäbischen Alb anzulegen, löste bei den Bauern anfangs nur Kopfschütteln aus. Doch intensive Bodenpflege hat in vielen Jahrzehnten beste Erde hervorgebracht, die sich gut bearbeiten lässt. Kräuter und Heilpflanzen versorgen den ganzen Sommer über Insekten und mehr als 20 Bienenvölker mit Nahrung. Der 1,5 Hektar große Garten, der nach strengen biologisch-dynamischen Richtlinien bewirtschaftet wird, ist vor mehr als vier Jahrzehnten angelegt worden und völlig autark. Aus über 50 Kompostplätzen, die über die gesamte Anbaufläche verteilt sind, stellt die Wala ihre eigene Erde her. Aus 150 verschiedenen Kräutern und Heilpflanzen entstehen dann **mehr als 1000 Produkte**.

Rosen für Betriebswirtschaftler, Anthroposophen und Hollywoodstars

Rudolf Hauschka war es aufgrund seines anthroposophischen Weltbildes ein besonderes Anliegen, den Menschen in den Mittelpunkt des Firmenwirkens zu stellen und Gewinn nur als Mittel zum Zweck zu sehen. So führen die Nachfolger des 1969 verstorbenen Firmengründers sein Werk in diesem Sinne konsequent weiter. 1986 wurde die damalige OHG in die heutige Unternehmensform überführt, indem die nicht gemeinnützige **Wala Stiftung** gegründet wurde. Sie fungiert als Trägerin für das Gesamtunternehmen. Die Überzeugung, dass keine soziale oder wirtschaftliche Maßnahme für sich selbst Bedeutung haben kann, prägt den Umgang der Wala Heilmittel GmbH mit dem Kapital. Das Unternehmen kann nicht wie Ware gekauft, verkauft oder vererbt werden. Der **Gewinn ist nur Mittel zum Zweck**, nicht der Zweck selbst. Im Vordergrund steht die Firmenentwicklung sowie die Überzeugung, dass sich die Mitarbeiter ihr Menschsein entwickeln können.

Nur einige Kilometer entfernt steht ein weiterer Name für Natur und Nachhaltigkeit. **Die Weleda AG** ist Marktführer bei sogenannter Naturkosmetik in Europa und wurde 2009 zum vorbildhaftesten Unternehmen in Sachen **Nachhaltigkeit** gekürt. Im firmeneigenen **Heilpflanzengarten** in **Schwäbisch Gmünd**, dem größten seiner Art in Europa, werden auf 20 Hektar 250 verschiedene Heilpflanzen angebaut, die zumeist gleich nach der Ernte sofort verarbeitet werden. Bei der Weleda hatte Rudolf Steiner seine Finger ganz direkt im Spiel. 1920 gründete er in Dornach die Futurum AG. Sie bildet einen der zwei Ursprungszweige des heutigen Unternehmens, das seinen Hauptsitz in der Schweiz hat. Die **schweizerische Futurum AG** fusionierte 1922 mit der zwei Jahre zuvor in Stuttgart gegründeten AG, die den ebenso pathetischen wie umständlichen Namen **„Der kommende Tag – Aktiengesellschaft zur Förderung wirtschaftlicher und geistiger Werte“** trug. Während Steiner in Stuttgart heftig missionierte und allerorten Spuren hinterließ, ob beim **Autozulieferer Mahle**, dessen Gründer sich einer menschenfreundlichen Unternehmensführung verschrieben haben, bis hin zur weltweit ersten **Waldorfschule**, die der Stuttgarter Fabrikant **Emil Molts** als Betriebsschule baute und dessen Unterrichtsstruktur Rudolf Steiner höchstpersönlich entwickelt hat. In Schwäbisch Gmünd landete Weleda, weil hier ein Mühlenbetrieb stand, mit dem anfangs Nahrungsmittel und Arzneimittel hergestellt wurden. Weil es die Massen in die gebändigte Natur drängt, hat das Unternehmen ein Besucher- und Erlebniszentrum gebaut, in dem Führungen, Kurse und Massagen angeboten werden. Wem dieser Trubel zu viel ist, zieht von Schwäbisch Gmünd nach **Waiblingen**, wo schwäbisch bescheiden ein kleiner **Apothekergarten** lockt, der nach dem Vorbild mittelalterlicher Klostergärten angelegt wurde und mit vielerlei Heilpflanzen bestückt ist.

Gemüse und Blumen

Nach so viel gesundem Kraut und menschenbildenden Kräutern müssen wir nun auch auf die Gurken in der Region zu sprechen kommen. Genauer gesagt, handelt es sich sogar um **eine Gurke auf vier Rädern**. Der Fellbacher Karosseriebauer **Walter Vetter**, der sein Unternehmen 1922 in Cannstatt gegründet hatte, stellte zunächst Karosserien auf der Basis von Fahrgestellen aus den Häusern Daimler und Benz her. 1938/39 betätigte er sich im Auftrag des Stuttgarter Forschungsinstituts für Kraftfahrwesen und Fahrzeugmotoren (FKFS) ein kleines bisschen als Autogott und dengelte den von **Wunibald Kamm** entworfenen, aerodynamisch betrachtet von Experten als nahezu optimaler Versuchswagen beschriebenen **BMW K1** zusammen. Das Traditionsunternehmen Vetter, das es heute noch gibt, lieferte nur einmal eine echte Gurke ab. Beim Internationalen **Avus-Rennen** 1932 schoss der **SSK-Rennwagen** von Mercedes-Benz, wegen seiner typischen Form auch scherzhaft „Gurke" genannt, als Erster durchs Ziel.

Wer hätte aber gedacht, dass die eleganten und farbenfrohen **Fuchsien** aus süd- und mittelamerikanischen Gefilden nach einem braven Tübinger Professor benannt sind? Der Mediziner und Botaniker **Leonhart Fuchs** kam im Jahr 1535 als Universitätslehrer nach **Tübingen**. Er war mehrere Jahre lang Direktor der Universität und wohnte bis zu seinem Tod im **Nonnenhaus**, direkt am Ammerkanal, dort wo heute im Sommersemester die proppenvollen Pflichtseminare Kaffee trinken, Schwätzchen halten und Leute gucken abgehalten werden. Fuchs gab der seit dem 19. Jahrhundert beliebten Zierpflanze „Fuchsie" ihren Namen, die der berühmte Botaniker kurioserweise selbst gar nicht kannte. Erst 1703 entdeckt, nannte der französische Pater Charles Plumier den von ihm in Santa Domingo

Ein Mann, der wie ein Tier heißt, verhilft einer Pflanze zu ihrem Namen

neu entdeckten Blütenstrauch zu Ehren des Professors „Fuchsia". Im Jahre 1753 verankerte Carl von Linné dann den Namen Fuchsia triphylla in seiner Standard gewordenen botanischen Klassifizierung.

Leonhart Fuchs zählt neben Nicolaus Kopernikus zur allerersten Avantgarde der deutschen Renaissance-Forscher im 16. Jahrhundert und gilt als **einer der Väter der Botanik**. Für seine Studien legte er bei seinem Haus einen Kräutergarten an. Es war **der erste botanische Garten der Stadt Tübingen**, der zu den ältesten der Welt überhaupt zählt, etwa zeitgleich mit denjenigen im innovativen Italien – Pisa, Padua und Bologna. Fuchs, ganz dem Forschergeist der Renaissance verpflichtet, ging hinaus in die Natur und schaute sich die Pflanzen bei seinen botanischen Exkursionen ganz genau an, um sie dann pingelig genau abzuzeichnen. Als Verfasser eines **Kräuterbuchs**, das 1542 erstmals erschien, wurde der Wissenschaftler bekannt. Fuchs überwachte die Künstler im Gegensatz zu vielen anderen Kräuterbuchautoren persönlich. Häufig verdeutlichte er seine

Korrektur durch Bemerkungen oder ergänzte eigene Zeichnungen. In seinem Kräuterwerk werden über 400 europäische und 100 exotische Pflanzen beschrieben und in mehr als 500 Holzschnitten dargestellt. Für eine erweiterte Ausgabe fand er keinen Verleger. Das umfangreiche Manuskript mit über 1500 Pflanzenbildern, von denen alle heute verschollen sind, war zu teuer. Fast 200 der **Holzdruckstöcke** seines Kräuterbuchs waren bis 1853 noch in der **Tübinger Universitätsbibliothek** gelagert. Anfang der 1920er-Jahre wurde der größte Teil davon an die **Stuttgarter Akademie der bildenden Künste** verkauft. Dort hobelten kunstbeflissene, aber schwäbisch-sparsame Vandalen die wertvollen Zeichnungen ab und nutzten die Stöcke für neue Drucke. Immerhin **23 Originaldruckstöcke** haben an der Universität Tübingen überlebt. Auch mit seinen Kräuterbüchern verfolgte der streitbare Forscher sein Ziel, die von Avicenna geprägte arabische Medizin durch diejenige der Antike zu ersetzen und die Kenntnisse der Ärzte aus dieser Zeit wieder aufleben zu lassen. Fuchs übersetzte griechische Autoren wie Hippokrates und Galen.

Die Tübinger haben ihren Fuchsien-Vater, dafür haben die Stuttgarter die größte und schönste **Pusteblume**. Sie blüht seit der Bundesgartenschau 1977 zur Sommerzeit unermüdlich mitten auf der unteren Königstraße, an der Ecke zur **Thouretstraße**, eingerahmt von Kauf-mich-leer-Läden und wie gemacht für völlig erledigte Shopper, die ihren schwer beladenen Einkaufstüten eine kleine Pause an einem der faszinierendsten Brunnen Stuttgarts gönnen. Die Pusteblume ist ein regelrechtes Kunstwerk – optisch wie technisch. So einfach es aussieht, so viel Vorbereitung benötigen zwei Mitarbeiter des Tiefbauamtes jedes Jahr, bis die Pusteblume treffsicher, aber wolkig leicht ihr Wasser versprüht. Mindestens fünf Stunden dauert das Puzzlespiel, bis die Wasserblume aus 146 Einzelteilen zusammengeschraubt ist. Danach muss einer durch einen Gulli vier Meter tief in den Keller des Brunnens klettern, um dort die Pumpe zu kontrollieren. Die Düsen sind über den Winter in einer Spezialfirma zur Reinigung, denn die Wasserkugel wird nur dann richtig rund, wenn die Düsen sauber sind und der exakte Wasserdruck eingestellt ist. Die ursprüngliche Idee stammt von dem australischen **Wasserkünstler Bob Woodward**, der 1959 in Sydney die erste Pusteblume aufstellte. Das hiesige, spritzig-elegante Modell ist ein Entwurf des Stuttgarter **Architekten-Büros Behnisch** und ein Nachbau der australischen Ur-Pusteblume. Ähnliche Brunnen gibt es in Dresden, New York, Minneapolis und im russischen Saratow, aber wetten, dass unsere am besten geputzt ist?

Doch Pustekuchen, die Stuttgarter können zusätzlich noch mit der **größten Blume der Welt** angeben. Der **Titanenwurz** wächst nicht nur in der **Stuttgarter Wilhelma**, sondern auch in vielen weiteren botanischen Gärten. Doch just hier entwickelte die etwas launische Pflanze aus der Familie der Aronstabgewächse vor einigen Jahren ein gigantisches Blütenexemplar, das im **Guiness-Buch der Rekorde** verzeichnet ist. Zwei Meter und 94 Zentimeter maß die stinkende Pracht. Die Blume, deren winzige Blüten zum Teil weiblich, zum anderen Teil männlich sind, eignet sich nicht fürs Angeber-Rendezvous, denn kurz bevor sie sich entfaltet, gibt die Diva Gas und sondert mit schwefelhaltigen Verbindungen einen ekelhaft stechenden Aasgeruch ab, der bestimmte Käfer anlockt, die sie bestäuben. Die legen dort in gutem Glauben ihre Eier ab, aber ihre Larven verhungern, denn die gigantomanische Blütenpflanze ist eine sogenannte Täuschpflanze und also ein rechtes Biest, das sich dazuhin ewig ziert, bis sich die Blütenblätter endlich öffnen. Als es 2005 in der Wilhelma so weit war, waren die Webcams schon lange installiert. **Bis in den hintersten Winkel der Welt** wurde darüber berichtet – wahrscheinlich sogar auf der indonesischen Insel Sumatra, wo die Pflanze herstammt. Erst wenn die unterirdische Knolle ein Kampfgewicht von rund 32 Kilogramm erreicht hat, kann sie ihre gewaltige Blüte hervorbringen, die nach zwei Tagen zu welken beginnt. Nur alle neun bis zwölf Jahre geruht das Grünzeug titanischen Ausmaßes zu blühen. Amorphophallus nennen Botaniker und Lateiner die außergewöhnliche Blumen-Diva und sind wahrscheinlich gottfroh, dass sie das nicht übersetzen müssen, aber der Name ist nicht zu übersehen. Die deutsche Bezeichnung zieht sich aus der Affäre und umgeht als Titanenwurz schamhaft das stramme Bild dieser spektakulären Blumensorte. Bis das Ding wieder blüht, bietet die **Wilhelma** als **größter zoologisch-botanischer Garten Europas** genügend Abwechslung. Hier leben nicht allein rund 8000 Tiere, sondern auch etwa 6000 Pflanzenarten im historischen Park sowie in den Gewächshäusern. Damit zählt die Wilhelma **zu den artenreichsten Zoos weltweit**.

Einen der angenehmsten Düfte auf dieser Erde schenkt uns die Königin der Blumen, die natürlich in unzähligen Gärten und Parks in der Region zu Hause ist. Ein besonders schönes Exemplar hat der Gärtnermeister und passionierte Rosenliebhaber Wolfgang Jurisch in **Wendlingen** angelegt. Inmitten von Streuobstwiesen versteckt sich zwischen Apfel-, Birn- und Kirschbäumen und kleinem Wäldchen ein **zauberhafter Rosengarten**. Der blühende Geheimtipp, der sich auf einer Fläche von rund 46 Ar erstreckt, lässt sich nach Absprache besichtigen. Lauschige Sitzecken an kleinen Teichen und Pavillons laden zum Verweilen und Träumen ein. Ein besonderer Augenschmaus sind die vielen verschiedenfarbigen Ramblerrosen, die sich an den alten Obstbäumen hochranken. 1986 begann Jurisch mit einem Stückchen Land, dann kam peu à peu immer mehr dazu. Mittlerweile locken 1200 Rosenstöcke, darunter 600 Edelrosen,

400 Strauchrosen und 200 Kletter- und Ramblerrosen, die in all ihrer Pracht vorrangig im Rosenmonat Juni zu bewundern und im Spiel der Jahreszeiten und des Lebens eingewoben sind. Wer könnte das besser formulieren als Friedrich **Hölderlin**, von dem das Gedicht **„An die Rose"** stammt: Ewig trägt im Mutterschoße / Süße Königin der Flur / Dich und mich die stille, große / Allbelebende Natur. / Röschen! unser Schmuck veraltet / Sturm entblättert dich und mich / Doch der ew'ge Keim entfaltet / Bald zu neuer Blüte sich.

Während der genialische Dichter seine zeitlosen Blumen ins Literaturbeet setzte, wurde ein anderer bereits als Gärtner geboren. **Karl Friedrich von Gärtner**, der 1772 in **Göppingen** zur Welt kam und 1850 in **Calw** starb, war ein deutscher Botaniker und Arzt. Sein Vater Joseph hatte ihm das Interesse wohl in die Wiege gelegt. Dieser leitete zuvor den Botanischen Garten in Sankt Petersburg und veröffentlichte ein Werk, das die Früchte und Samen von über 1000 Pflanzengattungen beschreibt: **De fructibus et seminibus plantarum**. (Stuttgart, Tübingen 1789–1791). Sein Sohn studierte unter anderem im nahen Tübingen Medizin und praktizierte als Arzt in Calw. Doch Karl Friedrich Gärtner schien Pflanzen interessanter zu finden als menschliche Körper und ihre Krankheiten. Ab 1800 widmete er sich nur noch der Botanik, insbesondere der Sexualität der Pflanzen. Er reiste quer durch Europa und untersuchte später die Kreuzung von Pflanzen, sogenannte Hybriden. Gärtner bereitete den **wissenschaftlichen Unterbau für einen neuen Forschungszweig** und dessen Galionsfigur. Während die Mendel'sche Vererbungslehre erst um 1900 zu wirken begann, machte **Charles Darwin** mit seiner Evolutionstheorie weltweit Furore. In dessen Buch über „Die Entstehung der Arten" gehört Gärtner zu den am häufigsten zitierten Naturforschern. 1826 wurde er zum Mitglied der Deutschen Akademie der Naturfor-

Landpomeranzen mussten draußen bleiben: Pomeranzengarten Leonberg

scher Leopoldina ernannt und 1846 zum Ritter des Ordens der Württembergischen Krone geadelt.

Zwei Jahrhunderte zuvor kümmerte sich kein Mensch um Vererbungslehren. Bei Königs und Konsorten war es entscheidend, dass die Form gewahrt wurde und die bucklige Verwandtschaft mit besonders reizvollen, weit gereisten oder seltenen Pflanzen beeindruckt werden konnte. In der Renaissance galten Orangen als Statussymbol. Als **Sibylla von Württemberg** 1609 ins **Leonberger Schloss** übersiedelte, das sie als Witwensitz auserkoren hatte, ließ sie sich den damaligen Stararchitekten **Heinrich Schickhardt** (1558–1635) kommen, der nach ihren Vorstellungen einen **„fürstlichen Lustgarten samt Pomeran-**

zenhaus und Brunnenkasten" nach italienischem Vorbild entwarf. Schickhardt, der zu Recht als **schwäbischer Leonardo** gilt, entwarf unter anderem Freudenstadt auf dem Reißbrett, von ihm stammen das zerstörte **Lusthaus in Stuttgart** und die alte **Neckarbrücke in Köngen**. Er gestaltete das untere **Schlossportal in Tübingen** und erweiterte Schlösser sowie Kirchen, ob in **Waldenbuch, Backnang** oder **Göppingen** – nur einmal nebenbei erwähnt.

Sibylla war bereits in Stuttgart Herrin eines im ganzen Reich berühmten Gartens gewesen. Die Herzogin war auch bekannt dafür, an Botanik und Heilkunde interessiert zu sein. Es heißt, dass sie ihr **Interesse an der anrüchigen Alchemie** zu verschleiern suchte, indem sie ihre Kräutersammlung als Arzneimittel für arme Leute ausgab. Der neue Garten erhielt seinen Namen von der wertvollsten Pflanze, die sich darin befand. Pomeranzen oder Bitterorangen, die in Küche und Hausapotheke Verwendung fanden, wurden gehegt und gepflegt. Als Sinnbild für die goldenen Äpfel der Hesperiden in der griechischen Mythologie stellten sie die Beziehung zum Paradiesgarten der Antike her. Sie erhielten Ehrenplätze in jedem Schlossgarten. Ihnen zuliebe mussten die Baumeister Orangerien entwerfen, die eleganten Unterkünfte der teuren und frostempfindlichen Früchtchen, ähnlich wie heutzutage manch teurer Oldtimer ein klimatisiertes Winterschlafplätzchen bekommt.

Da das Schloss nach 1742 nicht mehr als fürstlicher Wohnsitz genutzt wurde, verwilderte der höfische Garten. 1796 bis 1801 wohnte **Friedrich Schillers verwitwete Mutter** in einer kleinen Wohnung im Schloss. Sie durfte dort mit ihrer noch unversorgten vierten Tochter wohnen und erhielt eine Pension. Zu Beginn der 1970er-Jahre wurden bei Rodungsarbeiten die Fundamente des Gartens wiederentdeckt und auf der Grundlage von Originalplänen Schickhardts restauriert. Leonberg

Glitzernder Tanztempel aus dunklen Zeiten: Perkins Park

kann sich dieses besonderen Kleinods rühmen, denn der Pomeranzengarten ist einer der wenigen in seiner Struktur erhaltenen Terrassengärten aus der Zeit der Renaissance. Er gehört überdies zu den wenigen **Gärten aus der Zeit der Spätrenaissance** in Europa und ist **der einzige dieser Art in Deutschland**. Duft-, Gewürz- und Heilpflanzen bilden das Grundgerüst eines typischen Renaissancegartens, der gleichermaßen Schönheit, Seltenheit und Nutzbarkeit verbindet. Heute residieren die Herrscher über sauer verdiente Euronen im Leonberger Schloss – das **Finanzamt** hat hier seinen Sitz.

Vom Steinbruch zum Blumenreich

Wie verwandelt man einen ehemaligen **Steinbruch** und eine Müllhalde, die sich im wüsten Drei-Städte-Eck zwischen Stuttgart, Feuerbach und Bad Cannstatt befindet, in einen Park? Man veranstaltet eine **Gartenschau**, auch wenn zur selben Zeit die

Bombenfabriken bereits Tag und Nacht laufen. „Sag mir, wo die Blumen sind", sang Marlene Dietrich aus gutem Grund einige Jahre später. Der **Höhenpark Killesberg** ist ein **Relikt der Nazizeit**, das 1938 beinahe gescheitert wäre. Die Kriegsvorbereitungen waren in vollem Gange. Arbeiter und Material fehlten an allen Ecken und Enden. Reichspropagandaminister Joseph Goebbels persönlich ordnete die „Reichswichtigkeit" der Gartenschau an, vermutlich die einzige Entscheidung des höllischen Fatzkes, für die man ihm einigermaßen dankbar sein darf. Dafür kommandierte er sogar Soldaten ab, um die 51 Hektar hübsch aussehen zu lassen. Parallel dazu entstanden mit der gewaltigen Aufrüstung Kasernenkomplexe auf dem Burgholzhof. Allerdings mussten hier neben dem Reichsarbeitsdienst **auch zwangsverpflichtete jüdische Bürger** arbeiten, die ab 1941 hier das letzte Mal einen Blick auf Stuttgart werfen konnten. Das Gelände auf dem Killesberg diente als Sammelstelle für jüdische Mitbürger vor der **Deportation** in die Arbeits- und Vernichtungslager. Daran erinnert heute ein **Gedenkstein**. Zur Einweihung fraß der hiesige Gauleiter der NSDAP Wilhelm Murr Kreide und sprach denkwürdige Sätze im falschen Falsett: „Dies ist der Beweis für die friedliche Nutzung unserer Energien und unserer Wirtschaftsanstrengungen während einer vom Ausland künstlich aufgeblähten Kriegspsychose." Als dann am 1. September 1939 der Krieg begann und die Reichsgartenschau vorzeitig endete, hatten bereits 4,5 Millionen Besucher das neue Gelände besucht. Das Parkgelände auf dem Killesberg gilt heute als einziges noch gut erhaltenes Beispiel für die **Gartenbaukunst der 1930er-Jahre**.

Bis heute sind auch die **Abraumkanten des Steinbruchs** an bestimmten Stellen sichtbar. Viele Jahrhunderte lang wurde die Schilfsandsteinschicht abgebaut und fand in **Feuerbacher Häusern** eine neue Heimat. Auch finden sich Steine der Brüche im **Alten Schloss** und in der **Stiftskirche** verbaut. Für das Neue musste einiges liebgewonnes Altes weichen. Damit Blumen blühen konnten, wurden einige beliebte Treffpunkte der Stuttgarter abgerissen, darunter war eine äußerst beliebte Wirtschaft, die **„Restauration Grenzhaus“**, das **Straßenbahner-Waldheim**, dort wo sich heute die Freilichtbühne erhebt, sowie der **Kochenhof**, ein 1925 errichteter Bauernhof. Der Sportverein Prag Stuttgart musste sein 1922 eingeweihtes Vereinsgelände samt Rasenplatz und Laufbahnanlage im Akazienwäldchen des späteren Höhenparks Killesberg für die Reichsgartenschau räumen. 500 000 Kubikmeter Boden wurden bewegt und rund 1000 Bäume, 20 000 Büsche und 50 000 Rosenstöcke neu gepflanzt. Der Feiertempel, in dem die Eröffnung stattfand, hat überlebt. Das Gebäude, in dem seit Jahrzehnten getanzt und geflirtet wird, ist die **Diskothek Perkins Park**.

Der andere große Stuttgarter Park, der **Rosensteinpark**, spiegelt indes eine völlig andere Welt, die der klassischen englischen Gartenanlagen, die kunstvoll nach dem Vorbild der Natur komponiert wurden. So gilt der Rosensteinpark als der **bedeutendste Landschaftspark Südwestdeutschlands**, der zwischen 1824 und 1840 auf Anordnung von König Wilhelm nach Plänen des Hofgärtners Johann Bosch angelegt wurde. Er steht unter Denkmalschutz, dachten sich die meisten, und seine mehr als stattlichen Bäume wären so sicher wie in Abrahams Schoß. Doch weit gefehlt. Die bösen Buben von der Bahn planen das Fällen von mehr als hundert Parkbäumen, um den Cannstatter Eisenbahntunnel voranzutreiben. Die stillen Riesen können sich nicht wehren. Sie stehen ergeben da, freuen sich über die vielen Spaziergänger und Kinder, die diese besondere Stuttgarter Oase genießen. Eingeklemmt zwischen Eisenbahn und Betonwege warten sie darauf, ob das Land ihre Todesurkunde für mehr als 100 ihrer Artgenossen unterschreibt. Dann könnten die Tourismus-Vermarkter eine neue Sehenswürdigkeit in ihre Listen aufnehmen: **Deutschlands Baumfriedhof mit der schönsten Aussicht**.

Angesichts dessen wünscht man sich manchmal, dass der Fortschritt doch nicht so rasend schnell herangedampft wäre und die **Bietigheimer „Kieholzbuwe"** noch unterwegs wären. Der Spitzname stammt aus jenen Zeiten, als man noch vorwiegend von der kargen Landwirtschaft lebte und über jeden Zusatzverdienst heilfroh war. Da auf der Bietigheimer Gemarkung früher besonders viele Kiefern wuchsen, verlegte man sich auf die **Harzgewinnung** und den anschließenden **Kienholzverkauf**. Mit dem harzigen Holz lassen sich Holzfeuer besonders gut anzünden und auch Motten vertreiben. Fällte man die Kiefer, musste ihr Wurzelwerk noch einige Jahre im Boden bleiben, damit sich der Wurzelstock mit Harz anreichern konnte. Anschließend wurde dieser ausgegraben, unter größten Mühen zu den Höfen geschleppt, und das harzgetränkte Wurzelholz mit Axt, Hammer und Säge in feine Stücke zerteilt, die man zehnstückweise zu Bündeln schnürte. Diese brachten die fleißigen Bauern dann an den Mann oder die Hausfrau – in Rastatt, Karlsruhe und Baden-Baden, auf Wochenmärkten, in Gaststätten oder von Haus zu Haus verkauft. Fünf Pfennige kostete das kleine Bündel vor etwa 100 Jahren, was einen **einträglichen Verdienst** für die Bauern, die Kienholzbuben, bedeutete.

Was hätten die Kienholzbuben große Augen gemacht, wenn es damals schon den **weltweiten Haus- und Hoflieferanten für Motorsägen** gegeben hätte. Dass sein kleines Unternehmen einmal zum Synonym für eine Säge werden würde, hatte sich **Andreas Stihl** wohl nicht träumen lassen, als er sich 1926 nach seinem Maschinenbaustudium selbstständig machte. In **Bad Cannstatt** stellte er zunächst Dampfkessel-Vorfeueranlagen und Waschmaschinen her. Kurz darauf begann er benzinbetriebene Kettensägen zu produzieren und legte damit den Grundstein für den Erfolg der nachfolgenden Jahrzehnte. Weil das Werk in Bad Cannstatt durch einen Bombenangriff zerstört wurde, verlagerte Stihl die Produktion ins nahe gelegene **Waiblingen**. Ein Verkaufsschlager nach dem Krieg war die **Stihl Contra**, die 1959 auf den Markt kam. Das Unternehmen musste eigens Frachtflugzeuge chartern, um den hohen Bedarf weltweit decken zu können. Mit einem raffinierten Marketinginstrument bindet das schwäbische Familienunternehmen seine Kunden in den USA an sich. Stihl hat die **Timbersports Series** professionalisiert und richtet Wettkämpfe für verschiedene Disziplinen der Forstwirtschaft aus. Hier treten wilde Kerle mit Kettensägen gegen gewaltige Baumstämme an – das ist jedes Jahr ein Riesenevent.

Stihl-Sägen machen vor nichts halt – außer wahrscheinlich vor der **Wurzel Jesse** – das bekommt selbst der Weltmarktführer nicht geritzt. Ein sehr schönes Beispiel für die Wurzel aller Pflanzen und Menschen hat sich in der spätgotischen **Stadtkirche in Schorndorf** erhalten. Eine kunsthistorische Rarität ist das Deckengewölbe mit der Wurzel Jesse in der Marienkapelle. Der Lebens- oder Jessebaum versinnbildlicht den königlichen Stammbaum Jesu. Das Netzgewölbe bildet ein Ornament aus miteinander verbundenen Ringen, die jeweils 27 Halbfiguren tragen. Der Stammbaum Jesu beginnt bei dem liegenden Isai (= Jesse). Aus ihm entspringt die Wurzel, die über David bis hin zu Maria mit dem Jesuskind führt. Die seltene Darstellung ist möglicherweise dem Baumeister **Anton Pilgram** vom **Wiener Stephansdom** zuzuordnen. Das kostbare Werk scheint mehr als nur einen Schutzengel gehabt zu haben. Nach dem Stadtbrand 1634 blieben lediglich Haupt- und Marienchor unzerstört. Schon zuvor während der Reformation war die Kirche geplündert worden, wobei ein großer Teil der Figuren zerstört wurde. Den

Der christliche Stammbaum: Wurzel Jesse in Schorndorf

strengen Protestanten war jedes Bildnis ein möglicher Götze. Sie vertrauten lieber dem schlichten Bibelwort. Einzig darin erkannten sie die Schöpfung ihres Herrn, weniger in den Kunstwerken, wie sie der Mensch nach dem Abbild der unendlichen Fülle in der Natur geschaffen hatte. Aber das ist eine andere Geschichte.

Moderne Schöpfung

Den Wurzeln der Schöpfung ist die Firma **Ornamental Bioscience GmbH** aus Stuttgart auf der Spur. Das Biotechnologie-Unternehmen ist eine Tochter der **Selecta-Gruppe** und hat in **Stuttgart-Mühlhausen** seinen Hauptsitz. Dort betreibt Ornamental Bioscience in der dritten Generation riesige Gewächshäuser. Die ehemals kleine Gärtnerei, die 1932 als Gemüsebaubetrieb in Untertürkheim gegründet wurde, gehört seit vielen Jahren zu den **weltweit führenden Züchtungs- und Vermehrungsbetrieben** im Bereich der vegetativ, also durch Stecklinge, vermehrbaren Zierpflanzen. Doch die Kinderstube der hier neu entwickelten transgenen Beet- und Balkonpflanzen steht im Labor. Ihre Mütter und Väter sind Biochemiker im weißen Kittel. In Kultur- und Laborräumen mit modernster Ausstattung werden rund 40 Gattungen züchterisch bearbeitet. Der Zierpflanzenmarkt ist weltweit ein lukratives Geschäft. Im Frühjahr und Sommer werden Balkone und Pflanzenkübel mit den Evergreens Geranien und Petunien aufgehübscht. In der dunklen Jahreszeit sind Weihnachtssterne ein Verkaufsschlager. Von Letzteren werden allein in Deutschland jedes Jahr mehr als 30 Millionen Exemplare verkauft. Wenn klassische Züchtungsmethoden versagen, ist es heute die Sache der **Biotechnologie**, blühendes Grün zu entwickeln, das mit weniger Wasser auskommt, ohne gleich schlapp zu machen, oder bei niedrigeren Temperaturen nicht gleich zu bibbern anfängt. Man spricht hier auch gerne von Schönheitsoperationen, denn hier wie dort werden Gene aus anderen Sorten in das pflanzliche Erbgut eingebaut, um Sorten in neuen Farben oder anderen Blütenformen zu erschaffen. Selecta hat bereits viele Auszeichnungen einheimsen können, unter anderem für die weltweit ersten gefüllt blühenden **Minipetunien** oder gefüllt blühende Kapkörbchen (Osteospermum), die statt eines einfachen Blütenkranzes nun eine wuschelige Blütenfrisur in unterschiedlichsten Farben tragen. Das Familienunternehmen besitzt die **Sortenschutzrechte an rund 1000 Zierpflanzen**.

Ob traditionelle Pflanzen, die ihre genetische Landkarte immer noch auf Adam und Eva zurückführen, oder geliftete Superblümchen aus dem Genbaukasten – für alle gelten wohl **Hölderlins Worte: „O selige Natur!** Ich weiß nicht, wie mir geschiehet, wenn ich mein Auge erhebe vor deiner Schöne, aber alle Lust des Himmels ist in den Tränen, die ich weine vor dir, der Geliebte vor der Geliebten“.

Überflieger

Was um Himmels willen hat die Region mit dem Fliegen zu tun? Weltweit verbinden Menschen diesen Landstrich eher mit hochwertigem Blech auf vier Rädern als mit Überfliegern. Weniger bekannt ist hingegen, dass von hier aus auch das luftige Element erobert wurde, sei es der Himmel über uns, das Weltall oder geistige Höhenflüge, die unsere Welt verändert haben. Auch unzählige wirtschaftliche Überflieger, die weltweit ihresgleichen suchen, sind hier groß geworden.

Hidden Champions

In Stuttgart und der Region wimmelt es nur so von kleinen, mittleren und großen Unternehmen, die als Spezial- oder Nischenanbieter im wirtschaftlichen Wettbewerb auf dem Siegertreppchen stehen. Oftmals sind es sogenannte **„Hidden Champions“** – versteckte Gewinner. Manche sind bekannt, andere kennen nur Fachleute. Sie werden oft übersehen, weil die großen Konzerne im Vordergrund stehen. Die Feinmetall GmbH aus Herrenberg stellt Prüfmittel für die Elektronikindustrie her, der Verpackungsmaschinenhersteller Harro Höfliger aus Allmersbach im Tal ist ein absolutes Schwergewicht in seiner Branche. In Ostfildern ist die Pilz, der Technologieführer in der Automatisierungstechnik, ansässig, ebenso wie die Firma Schopf auf dem Gebiet der Flugzeugschlepper erfolgreich ist. Ziemann aus Ludwigsburg plant und baut riesige Brauereianlagen rund um den Globus, und die Wiesheu GmbH aus Affalterbach ist weltweiter Marktführer für den Bau von Profi-Backöfen. Marktführer in ihrer Branche sind ebenso der Motorsägenhersteller Stihl und die Putzprofis von Kärcher. Die Liste ließe sich beliebig verlängern. Ein absolutes Vorzeigeunternehmen und ein typisches Beispiel für viele andere Familienunternehmen in Stuttgart und der Region ist der **Maschinenbauer Trumpf** aus **Ditzingen**. Was 1923 in einer kleinen Werkstatt in Stuttgart begann, hat sich zu einem mittelständisch geprägten Unternehmen gemausert, das zum **Weltmarktführer und Innovator in der industriellen Lasertechnik** geworden ist. Während andere ihr Heil im Ausland gesucht haben, entschied sich die Eigentümerfamilie Leibinger aller Expansion zum Trotz dafür, dem Standort Deutschland die Treue zu halten. Von weltweit 8000 Mitarbeitern arbeiten etwa 4500 in Deutschland, davon allein 2000 am heutigen Stammsitz in Ditzingen. Dort lässt sich die schwebende Leichtigkeit des Raums erleben. Mitte der 90er-Jahre wurde das Firmengelände neu geordnet und es entstanden viele Bauten auf hohem architektonischen Niveau. Wie ein Ausrufezeichen wirkt der **Pförtnerbau**, der die Besucher empfängt. 20 Meter weit ragt das Vordach über die kleine Loge hinaus. Nachts leuchtet die metallische Wabenstruktur. Natürlich wäre auf der anderen Seite Platz genug für ein paar Stützen gewesen, doch es ging darum, zu demonstrieren, was mit der Hightech-Metallbau aus dem Hause Trumpf alles möglich ist. Die Planung dieser durchaus diffizilen Konstruktion besorgte das renommierte Stuttgarter Ingenieurbüro Sobek.

Werner Sobek, Architekt und Ingenieur für Baustatik, hat ein weltweit agierendes Unternehmen mit Niederlassungen in fünf Kontinenten geschaffen. Das 1992 gegründete Ingenieurbüro gehört international zur Crème de la Crème, wenn es um die Berechnung hochkomplexer Bauten oder ausgeklügelter Konzepte geht, die den Energie- und Materialverbrauch minimieren – hochklassige Gestaltung immer inklusive. Als Nachfolger von Frei Otto und Jörg Schlaich leitet Werner Sobek das **Institut für Leichtbau Entwerfen und Konstruieren** an der Universität Stuttgart. Er ist außerdem Mies-van-der-Rohe-Professor am Illinois Institute of Technology in Chicago. Er und sein Team von rund 200 Mitarbeitern bearbeiten so spektakuläre Projekte wie ein Hochhausensemble im südkoreanischen Seoul, das aufgrund seiner geschuppten Fassade und der verwinkelten Geometrie der Gebäude auch als „Tanzende Drachen" bekannt ist. Den internationalen Flughafen in Chicago hat Sobek durch eine auskragende Überdachung erweitert. Die vorgehängte Glasfassade würde sogar einer starken Bombenexplosion widerstehen, wie Studien belegt haben. In Dubai hat das Stuttgarter Unternehmen ein Gebäude gleichzeitig mit einem Solar-Energie-Schild sowie einem fahrbaren Dach ausgestattet. Sicherheit und Statik bilden

Wer im Glashaus sitzt, zahlt nichts für die Heizung

eine Seite. Die andere ist die Suche nach Gebäuden, die keine Energiefresser sind, sondern im besten Fall sogar noch Energie produzieren. Sobeks **spektakuläres Stuttgarter Privathaus** erhielt vor einigen Jahren viel öffentliche Aufmerksamkeit. Der gläserne Bau verbraucht keine Energie, lässt sich aufgrund seiner modularen Bauweise einfach auf- und abbauen und wäre, wenn der Eigner es nicht mehr wollte, komplett zu recyceln. 2011 wurde in Berlin sogar ein Effizienzhaus Plus vorgestellt. Es erzeugt genügend regenerative Energie, damit der Elektroflitzer in der Garage noch kostenlos mitversorgt wird. Auch den Papst ließ Sobek nicht im Regen stehen. Für einen Festgottesdienst in München entwarf er eine 1000 Quadratmeter große Überdachung.

Stuttgarter Luftikusse

Die ersten echten Überflieger aus Stuttgart waren **Flugpioniere**, vor 100 Jahren die neuen Helden. Und Stuttgart war zu Beginn des 20. Jahrhunderts und bis in die 30er-Jahre hinein ein Zentrum der Flugpioniere. Auch Firmen wie **Daimler und Bosch** gaben der Entwicklung der Luftfahrt wesentliche Impulse. Waghalsige Flugschauen lockten die Massen ebenso wie Ballonwettfahrten, darunter das berühmte Gordon-Bennett-Rennen von 1912. Die Begeisterung, auch selbst die Lüfte zu erobern, steckte viele an. Zwei Söhne des Textilfabrikanten Vollmöller aus Stuttgart-Vaihingen wagten sich an die neue Technik. 1904 begann der erst 15 Jahre alte **Hans Robert Vollmöller** gemeinsam mit seinem **Bruder Karl** ein motorgetriebenes Flugzeug zu konstruieren. Das letzte Modell ist in der **Flugwerft des Deutschen Museums** zu besichtigen und zählt zu den ältesten deutschen Motorflugzeugen. 1910 schafften die beiden auf sechs Metern Flughöhe insgesamt 300 Meter – zu dieser Zeit galt dies als Langstreckenflug. Hans Vollmöller arbeitete ab 1911 bei der Versuchsbau GmbH Gotha-Ost (V.G.O.), einem Unternehmen, an dem Graf Zeppelin beteiligt war. Im selben Konstruktionsteam waren auch **Hellmuth Hirth** und Bosch-Direktor Gustav Klein tätig. Vollmöller starb 1917 bei einem Erprobungsflug.

Hanns Klemm, einer der bekanntesten deutschen Flugzeugkonstrukteure, hat in Stuttgart studiert, war bei den Württembergischen Staatsbahnen, bei Zeppelin und den Heinkel-Flugzeugwerken beschäftigt, bevor er 1918 als leitender Konstrukteur bei Daimler in der Sparte Flugzeugbau begann. Hätten die Nachfolger von Gottlieb Daimler die Vision des Gründers wahr gemacht, einen Konzern zu schmieden, der zu Lande, zu Wasser und in der Luft mobil ist, dann hätte Stuttgart heute vielleicht einen der größten Flugzeugbauer weltweit an Bord. Hanns

Hans Klemms legendäres Flugzeug, das nur noch drei Geschwister hat

Klemm experimentierte mit dem flexiblen Baustoff Holz. Damit konstruierte er ein **legendäres Leichtflugzeug**, das mit seinem Namen verbunden ist – die KL 20. **Ferdinand Porsche** lieferte den passenden Flugmotor dazu. Als die Daimler-Benz AG die Flugzeugproduktion einstellte, machte sich Klemm selbstständig und gründete die **Leichtflugzeug Klemm GmbH in Böblingen**. Das erfolgreiche Unternehmen hatte Niederlassungen in London und den USA. Klemm entwickelte 1936 einen nach ihm benannten **Leim**, der heute noch im Flugzeugbau verwendet wird. In Böblingen wurde der Flugzeugbauer zum größten Arbeitgeber der Stadt. Heute hält die **Flugsportgruppe Hanns Klemm aus Böblingen** die Erinnerung an den Flugpionier wach. Die Mitglieder restaurieren alte Klemm-Flugzeuge. Erst kürzlich haben sie eine **L 25** wieder flugtüchtig gemacht, von der es weltweit nur noch vier Exemplare gibt. Das Flugzeug gehört der Stadt Böblingen und ist auf dem Flugplatz von **Eutingen im Gäu** zu sehen.1957 übernahm die **Bölkow KG** alle Anteile der Klemm GmbH. **Ludwig Bölkow**, zuvor Entwickler bei der Augsburger Messerschmidt AG, hatte sich 1948 selbstständig gemacht und ein **Ingenieurbüro in Stuttgart-Degerloch** gegründet. Eine der Wurzeln des Luft- und Raumfahrtkonzern **Messerschmitt-Bölkow-Blohm GmbH (MBB)** liegt also in Stuttgart begründet, das Bölkow 1958 in Richtung Bayern verließ. Von 1989 bis ins Jahr 2000 spielte Autobauer Mercedes auch wieder ein bisschen beim Flugzeugbau mit. Im Sandkasten für die großen Jungs schnappte sich Jürgen Schrempp neben anderen das Traditionsunternehmen Dornier wie auch die MBB. Sie wurden ein Teil der **Daimler Aerospace AG (DASA)**, die zur Jahrtausendwende ein Teil der **EADS** wurde, Europas größter Luft- und Raumfahrt-, sowie zweitgrößter Rüstungskonzern.

Ernst Heinkel, aus **Grunbach im Rems-Murr-Kreis**, baute 1910 sein erstes eigenes Flugzeug und machte seine Flugversuche auf dem **Cannstatter Wasen**. Ein Jahr später stürzte er über Untertürkheim ab und verletzte sich schwer. Danach machte er Karriere als Flugzeugkonstrukteur und Unternehmer – allerdings nicht in Stuttgart. Dorthin kehrte er erst nach dem Krieg zurück. Heinkel war eine schillernde Figur. Der geniale Ingenieur und erfolgreiche Unternehmer klammerte sich an wirtschaftliche und technische Meriten und beschönigte nach dem Krieg seine NSDAP-Mitgliedschaft und den Status als ehemaliger Wehrwirtschaftsführer. 1950 begann er in Stuttgart nochmals ganz von vorne. Da nach dem Krieg in Deutschland keine Flugzeuge gebaut werden durften, produzierten die Heinkel-Werke Automotoren und Motorroller. Vor allem der **„Heinkel Tourist“** war ein Verkaufsschlager. Die Telegrammboten der Bundespost fuhren das Wunderding, und diejenigen, die noch aufs Auto sparten, rollten gemütlich über die Alpen in den Urlaub. 1954 wanderte Heinkel nach Karlsruhe ab.

Heinkel, der Jahrzehnte zuvor mit Hirth zusammengearbeitet hatte, übernahm 1941 die **Hirth-Motoren GmbH** aus **Zuffenhausen**, die bis zum Ende des Krieges rund 10 000 Flugmotoren ausgeliefert hatte. Drei Jahre zuvor war **Hellmuth Hirth** durch die Folgen eines Flugzeugabsturzes ums Leben gekommen. Der Gründer des erfolgreichen Unternehmens ist eine Legende im Flugzeugbau. Hirth machte eine Mechanikerlehre und besuchte die **Baugewerkeschule** in **Stuttgart**. Er war ein Hansdampf-in-allen-Gassen, arbeitete bei **Singer und Edison in den USA**, war als Rennfahrer unterwegs, gehörte zu den erfolgreichsten Piloten vor dem Ersten Weltkrieg und machte Karriere bei Rumpler und den Albatros-Werken – zwei renommierten deutschen Flugzeugherstellern. Als es ihn wieder nach Stuttgart verschlug, gründete Hirth 1920 mit den Mahle-Brüdern in Zuffenhausen die **Elektronmetall GmbH**, während der leidenschaftliche Flieger 1927 die Hirth Motoren GmbH aus der Taufe hob. Die Motoren mit der berühmten Hirth-Verzahnung in der Kurbelwelle verbuchten große Erfolge. Nach 1945 wurde das Unternehmen wieder selbstständig und siedelte nach **Benningen** (Kreis Ludwigsburg) über. Dort fertigte das Werk bis zu seiner Liquidation im Jahr 1974 Kleinmotoren. Die Produktionsrechte übernahm 1974 Hans Göbler; das Unternehmen wurde in **Göbler-Hirth Motoren** umbenannt und baut heute immer noch Flugmotoren.

Flugzeuge fertigt heute niemand mehr in Stuttgart. Doch wer eines hat und ein Ersatzteil braucht, wird in der **Flughafenmetropole L.-E.** bei der **Fipart GmbH** fündig. Hier findet sich eines der größten Lager für Flugzeugersatzteile und gebrauchtes Zubehör, mehr als 20 Millionen Teile. Wer nach einer Riesenhalle Ausschau hält, sucht allerdings vergeblich. Das Lager existiert nur virtuell. Bei dem jungen Unternehmen, das 2007 von drei Studenten gegründet wurde, läuft alles über das Web. Airlines, Flughäfen, Service- und Wartungsbetriebe sowie Teilehersteller tre-

Damals war Böblingen noch mondän: Der erste Landesflughafen

ten als Händler und Käufer auf. Fipart ist Handelsplattform und Netzwerk in einem. Damit unterscheidet sich das junge Unternehmen von der Konkurrenz in den USA und hat sich zum europäischen Marktführer gemausert.

Landeplätze für Himmelsstürmer

Die ersten Luftschiffe landeten dann dort, wo beim Volksfest die Fliegerei heute in anderer Form zelebriert wird. Der **Cannstatter Wasen** schmückte sich mit dem Titel des ersten Stuttgarter Flugplatzes, und die Maschinen hoppelten auf einer großen grünen Wiese in die Lüfte. Zwischen 1921 und 1924 etablierte der **Schorndorfer** Unternehmer **Paul Strähle** dort einen **Postflugbetrieb** auf der Strecke Stuttgart–Friedrichshafen–Konstanz. Er beförderte auch erste Passagiere. Aus dem ersten Luftpostdienst in Deutschland ging 1924 die **Luftverkehr Württemberg AG** hervor. Charterflüge und Geschäftsreisen lagen zwar noch in weiter Ferne. Trotzdem hatte der Flughafen auf der grünen Wiese nicht lange Bestand. Man beschloss, einen richtigen Flughafen auf dem Gelände des ehemaligen Militärflugplatzes auf der Böblinger Hulb zu bauen. **„Doch wo zum Teufel liegt der Flughafen in Böblingen?"**, fragte sich laut einer Legende ein Pilot, der im Ersten Weltkrieg zu einem Genesungsurlaub von der Front nach Stuttgart beordert worden war. Es war, so wird kolportiert, **Hermann Göring**, der gut 20 Jahre später die Gestapo gründete, die Konzentrationslager anordnete und im Volksmund wegen seiner mit Orden übersäten Uniform als Goldfasan oder Lametta-Heini verspottet wurde. Am 2. November 1916 irrte er im württembergischen Luftraum umher, fand den Böblinger Flughafen nicht und musste beschämt zurückkehren.

Zwischen Äcker und Wiesen setzte man 1925 einen **modernen Flughafen**, dessen noch heute gut erhaltenes Terminal den schlichten Baustil der Zeit widerspiegelt. Der Flughafen außerhalb der Stuttgarter Gemarkung wurde kurzerhand namentlich eingemeindet und **Stuttgart-Böblingen** genannt. Interessant ist, dass dem Flughafenbau die **Ansiedlung der Daimler-Benz-AG** folgte, die damals auch Flugzeuge und Motoren baute. Die Stadtväter hatten protestiert, weil sie ein paar Quadratmeter Fläche für den Flughafen abgetreten hatten, und drängten auf militärische oder gewerbliche Anlagen zum Ausgleich. So verschlug es Daimler in diesen Teil der Region Stuttgart, auf dass Jahrzehnte später mit den sprudelnden Golddukaten aus der Gewerbesteuer dort mancher Zebrastreifen, ganz römisch dekadent anmutend, in Marmorinkrustation ausgeführt wurde.

Die erste planmäßige Verbindung des neuen Flughafens war die Strecke von Berlin nach Zürich. Am 29. April 1926 landete die erste Linienmaschine der Luft Hansa. Die Flugzeit mit Zwischenlandung in Halle und Erfurt betrug rasante fünfeinviertel Stunden. Bald danach verband der Landesflughafen das Schwabenland mit Metropolen wie London, Amsterdam, Moskau, Bukarest, Rom, Madrid oder Paris. Binnen weniger Jahre entwickelte sich Stuttgart zu einer **wichtigen Drehscheibe der** damaligen **Luftfahrt**. Bereits im zweiten Jahr erhöhten sich Starts und Landungen von 2000 auf 37 000 mal. Im Vergleich zu heute ist das natürlich wenig. Aktuell starten und landen vom **Echterdinger Flughafen** jährlich mehr als 130 000 Flugzeuge, in denen rund 10 Millionen Passagiere unterwegs sind. In den „Goldenen Zwanzigern" war Fliegen ein Luxus allein für Betuchte. Einen rasanten Aufschwung erlebte in dieser Zeit auch die Sportfliegerei. Ins Jahr 1924 fällt die Gründung der **ersten württembergischen Fliegerschule**. Weitere folgten, unter anderem eröffnete der Luftfahrtpionier Hanns Klemm 1926 eine eigene Werksfliegerschule.

Spektakulär gestaltete sich die **Ozeanlinie nach Südamerika**, wenn sich auch der Flugplan aus heutiger Sicht liest wie der Fahrplan einer Bimmelbahn. Zwei Jahre lang, von 1934 bis 1936, war der Stuttgarter Flughafen Zwischenstation auf dem Flug nach Buenos Aires übers südfranzösische Carcassonne, andalusische Sevilla, Las Palmas auf Gran Canaria und Bathurst im westafrikanischen Gambia. In den 1930er-Jahren konnte man noch damit werben, dass die Post in 4 bis 5 Tagen am anderen Ende der Welt ausgeliefert wurde. **Flugboote von Dornier** überquerten in elf Stunden den Atlantik. Mit dieser speziellen Technik flogen die Piloten nur einige Meter über dem Wasser bis ins brasilianische **Natal** und **Recife**.

Seit 2009 haben historische Automobile die Oberhand über das ehemalige Flugfeld gewonnen. **Das Meilenwerk** mit entsprechenden Geschäften und Ausstellungen widmet sich ganz der stilvollen Fortbewegung auf vier Rädern. Der damalige Flughafen zeigte anschaulich den Umbruch von einem ländlich und landwirtschaftlich geprägten Umfeld. Viele neugierige Zaungäste kamen, um ein wenig den Duft der großen weiten Welt und der Moderne zu schnuppern, die Mobilität und Fortschritt ohne Grenzen zu versprechen schien. Die anderen saßen lieber im **Böblinger Flughafen-Restaurant**, das seinerzeit als das modernste der Stadt galt. Hier traf sich die Stuttgarter Gesellschaft zu Bällen und Hochzeiten oder zu Tanzabenden „mit erstklassiger Jazz-Kapelle". 1931 eröffnete mit dem **Deutschen Luftfahrtmuseum** ein weiterer Anziehungspunkt für Besucher.

Die glanzvollen Zeiten des ersten Landesflughafens endeten, als 1939 der **Neubau auf den Fildern** eröffnet wurde. Kleinliche Naturen merken süffisant an, dass Stuttgarts Flughafen noch nicht einmal eine **halbe Portion** sei, weil sich gerade ein Viertel des Flughafens auf Stuttgarter Gemarkung befindet, der größere Rest liegt im Landkreis Esslingen. Der **Tower** wartet mit einem eigenen Alleinstellungsmerkmal auf. Er ist europaweit der einzige, der außerhalb des Geländes liegt, hier auf der Gemarkung von **Filderstadt-Bernhausen**. Die Besucher, die heute von der Aussichtsterasse dem Flugbetrieb zuschauen, der zwischen 23.30 Uhr und 6 Uhr morgens eine Zwangspause einlegt, sehen nichts mehr von dem, was an die Ursprünge erinnern könnte. Weder die mondäne, einem **Amphitheater ähnliche Aussichtsterasse** im Westen, noch das ursprüngliche, travertinverkleidete Terminal von **Ernst Sagebiel,** der auch den Flughafen Tempelhof plante. Auf der Südseite nutzt das amerikanische Militär einen mittlerweile kleineren Teil als Basis für die europäische Zentrale der USA in Stuttgart-Möhringen. Daher verfügt Stuttgart auch über den Status eines **Nato-Flughafens**. In den vergangenen Jahrzehnten hat sich das manchmal belächelte „Flughäfele" zu einem der profitabelsten deutschen Airports entwickelt.

Als sich harte D-Mark und südliche Sonne miteinander verbanden, war die Idee der ersten Charterflüge geboren. Der bundesdeutsche Pionier in diesem Geschäft saß hier am Flughafen. Die **Südflug International** war die **erste deutsche Charterfluggesellschaft** überhaupt und überdies die erste Airline, die nach dem Zweiten Weltkrieg – heiliger Strohsack – im kreuzbraven Stuttgart **mithilfe von Strohmännern gegründet wurde**. Der schlitzohrige Drahtzieher war ein Bub von der Alb 'ra. Der ehemalige Militärpilot **Rul Arnold Bückle** aus **Dottingen** (heute Münsingen) gründete angeblich auf einen Tipp des SPD-Politikers Carlo Schmid aus Stuttgart hin die Firma Süddeutsche Bedarfsflug, da es Deutschen damals noch nicht erlaubt war, Fluggesellschaften zu betreiben. Anfangs verdiente er mit Frachtaufträgen und Stadtrundflügen sein Geld. Als die Stuttgarter Startbahn 1961 verlängert wurde, flog Bückle im Auftrag der Lufthansa nach Frankfurt. In derselben Zeit begann er Charterflüge anzubieten. Dass sich **die Kanarischen Inseln** zu einem Tourismusziel mit entsprechender Infrastruktur entwickelt haben, fußt letztlich auch auf dem Angebot der angebotenen Reisen mit der Südflug, die sich schnell zur zweitgrößten deutschen Charterfluggesellschaft nach der Condor entwickelte. 1966 transportierte sie bereits 250 000 Urlauber. Ein Jahr später angelte sich das Unternehmen als **erste deutsche Charterfluggesellschaft die Landerechte in den USA**. Hohe Leasingkosten der Flugzeuge machten der Gesellschaft den Garaus, die 1968 von der Lufthansa übernommen wurde. Wer heute in ein **Condor**-Flugzeug steigt, fliegt immer noch ein bisschen mit der Südflug, die als als Tochterunternehmen seit 1992 vollständig integriert wurde.

Über den Wolken

Auch über den Wolken hat die Region Stuttgart die Nase weit vorne. Dort, wo manch einer denkt, dass die Welt aufhört, fängt der Orbit an und man befasst sich mit anderen Sphären. **Backnang** hat sich zur **Satellitenmetropole** entwickelt. Die **Tesat-Spacecom GmbH & Co. KG** in der ehemaligen Gerberstadt wurde in den vergangenen 40 Jahren zum **Weltmarktführer** für Satellitentechnik. Die Wurzeln des Erfolgsunternehmens aus der Region liegen in der 1949 gegründeten **AEG Fernmeldetechnik**, die 1955 in der Gesellschaft AEG-Telefunken aufging, 1983–1995 unter dem Namen ANT Nachrichtentechnik firmierte und bis 2001 zu Bosch gehörte. Seitdem ist Tesat-Spacecom ein Teil des Luft-und Raumfahrtkonzerns EADS. Die Raumfahrtspezialisten aus dem schwäbischen Wald beliefern die halbe Welt mit Bauteilen für Satellitentechnik und sind mit mehr als 1000 Mitarbeitern vor Ort der größte Arbeitgeber. Von hier stammt die Hälfte aller Herzstücke, sogenannte Wanderfeldröhrenverstärker, die weltweit in Kommunikationssatelliten eingebaut werden. Mehr als die Hälfte aller Telekommunikations-Satelliten im Orbit haben Tesat-Geräte an Bord. Derzeit fliegen mehr als 5000 Geräte aus Backnang im Orbit. Ohne die Teile aus Backnang bliebe der Fernseher dunkel. Tesat-Spacecom ist auch internationaler Technologieführer in der Laserkommunikation, die 200 000 DIN-A4-Seiten pro Sekunde überträgt, das ist Weltrekord. Die Luft- und Raumfahrtindustrie gehört nicht umsonst auch zu den wirtschaftlichen Überfliegern. Als technologische Leitbranche par excellence ist sie ein Schrittmacher für Spitzentechnologie. Rund 60 Firmen, das sind **knapp ein Drittel aller in Deutschland vertretenen Unternehmen der Luft- und Raumfahrzeugbau-Branche**, haben **in Baden-Württemberg** ihren Standort. Unterstützung erhält die Branche durch das Forum Luft- und

Die Raumfahrer-Region erobert den Weltraum

Raumfahrt Baden-Württemberg e. V., das seit 2005 das Luft- und Raumfahrt-Netzwerk in Baden-Württemberg bildet. 2009 ging die Clusterinitative FAN an den Start. Das **Future Aerospace Network**, in der sich auch die Wirtschaftsförderung Region Stuttgart engagiert, hat sich zum Ziel gesetzt, die Metropolregion Stuttgart und das Land Baden-Württemberg noch stärker als europaweit bedeutsamen Luft- und Raumfahrtstandort zu positionieren.

Eine Stuttgarter Firma achtet darauf, dass niemandem das Blech wegfliegt. Die **Johann Maier GmbH & Co. KG** beliefert ihre Kunden mit **außergewöhnlich belastbaren Schrauben**, die in keinem Baumarkt zu finden sind. Sie gehen in die Luft, schweben im Weltraum oder rasen mit 300 Sachen über den Asphalt. Die Expertenfirma sorgt dafür, dass Satelliten nicht auseinanderfallen. Sie hat die europäische Rakete Ariane und die Raumstation ISS mit passendem Material ausgestattet. Bei dem Schraubenspezialisten entscheidet ein Tausendstel Millimeter darüber, ob's passt oder nicht. Manche Projekte geraten schon mal zum Krimi, wenn ein Formel-1-Team anruft: „Wir brauchen bessere Schrauben für unseren Wagen, Liefertermin morgen früh". Begonnen hat die Erfolgsgeschichte um 1920, als **Schreibmaschinen** die Computer des damaligen Bürozeitalters waren. **Johann Maier** erfand präzise Zangen, die den manuellen Zeilenwechsel deutlich vereinfachten und das junge Unternehmen schnell wachsen ließen, während es heute dafür sorgt, dass die besten Schrauben über unseren Köpfen fliegen.

Überflieger aus Stein und mit Geist

Das Zeugnis eines uralten Überfliegers, der hier mit viel Getöse auf der Erde landete, ist das **Steinheimer Becken** bei **Heidenheim**. Vor rund 15 Millionen Jahren kriegte ein Meteorit die Kurve nicht und kam der Erde ein klitzeklein wenig zu nahe. Prompt begann die Erdanziehungskraft zu wirken, durch die Reibung an der Luft wurde der Stein aus dem All zu einem glühenden Geschoss und landete dort, wo sich heute die Gemeinde Steinheim idyllisch ausbreitet. Der Einschlagskrater erstreckt sich über 3,5 Kilometer und war lange bevor sich Menschen entschlossen, hier ihre Häuser zu bauen, von anderen Lebewesen besiedelt, die als **Versteinerungen** hartnäckig überlebt haben. Vor 200 Jahren meinten besonders gläubige Zeitgenossen, dass die massenhaft gefundenen Tiere gar ein Beleg für die **„Sündflut"** seien. So war es nicht. Im Krater sammelte sich Wasser, und er verwandelte sich in einen See samt fruchtbarer Landschaft drumherum. Das **Museum** im benachbarten **Sontheim** zeigt die besondere Geschichte dieser von einem Meteoriten erschaffenen Welt, und auf einem geologischen Wanderweg lässt sich heute das Steinheimer Becken zu Fuß erleben. Steinheim bezeichnet

Ein Überflieger, der alles plattgemacht hat: Steinheimer Becken

sich im Internet voller Stolz als „Meteorkratergemeinde – ein Volltreffer".

Ein Volltreffer der etwas anderen Art war **Georg Friedrich Wilhelm Hegel**, der sich getrost zu den weltweit wichtigsten geistigen Überfliegern zählen lässt, auch wenn man nicht mit seinen Gedanken einig sein muss. Der 1770 in Stuttgart geborene Philosoph hat nicht allein den viel zitierten **Weltgeist** beschworen, sondern **Weltgeschichte** geschrieben. Gemeinhin versuchen Philosophen ja zu erklären, wie wir und unsere Welt funktionieren. Karl Marx schnappte sich Hegels System und bog sich daraus sein eigenes Denkmodell zusammen. Das machte bekanntlich Schule und wirkte sich aus wie ein politischer Meteorit, der den halben Planeten politisch durchschüttelte und ganze Landstriche in Kraterlandschaften verwandelte. So hat sich Hegels Lehre selbstständig gemacht, nachdem **Karl Marx**, sein

Mit Hegels Geist krempelten andere die Welt um

wohl berühmtester und einflussreichster Schüler, sich ihrer angenommen hatte. Als Hegel, der neben Immanuel Kant bedeutendste Vertreter der idealistischen Philosophie, 1831 starb, war der kleine Karl aus Trier gerade in der Pubertät angekommen und formte später die Ideen seines geistigen Lehrers zu einer neuen Wirtschafts- und Gesellschaftstheorie um, die bekanntermaßen im 20. Jahrhundert das Weltgeschehen radikal aufmischen sollte und noch heute für zwei große politische Lager steht, die sich unversöhnlich gegenüberstehen. Während bei Hegel der göttliche Geist den Weltenlauf bestimmt, tritt bei Marx die Art des Wirtschaftens an diese Stelle, die dessen Meinung nach unsere Realität und Gesellschaft formt, verändert und an ihr Ziel bringt. Hegel selbst war begeistert von der **Französischen Revolution**. Als er in **Tübingen** studierte, nahm er 1792 bei den Versammlungen eines Studentenklubs teil, der die neuen Ideen aus Frankreich diskutierte. Er profitierte viel vom intellektuellen Austausch mit seinen Kommilitonen **Hölderlin** und **Schelling**, die ebenso wie viele Zeitgenossen von der politischen Drangsalierung und dem kirchlichen Muff ihrer Zeit die Nase voll hatten. Sie wünschten sich einen Staat, der nach den Prinzipien von Vernunft und Freiheit aufgebaut war. Hegel galt neben Hölderlin als **Jakobiner**, also besonders enthusiastischer Fürsprecher einer neuen politischen Ordnung. Am **Tübinger Stift** und am altehrwürdigen **Eberhard-Ludwigs-Gymnasium** in **Stuttgart** schulterte der junge Hegel sein geistiges Marschgepäck, um dann ab 1793 nach verschiedenen Stationen endgültig in Berlin als Professor und Vordenker Karriere zu machen. In dem 1686 gegründeten Gymnasium am Herdweg haben übrigens viele bekannte Köpfe die Schulbank gedrückt: unter ihnen waren der Revoluzzer **Georg Herwegh**, der Ingenieur **Theodor Rümelin**, die Dichter **Wilhelm Waiblinger, Eduard Mörike** und **Gustav Schwab**, der Pfarrer **Gustav Werner**, der die gleichnamige Stiftung gründete, Staatswissenschaftler **Robert Mohl**, Widerstandskämpfer **Graf Stauffenberg**, und nicht zuletzt auch der überaus gebildete Vicco von Bülow, alias **Loriot**. Hegel, der Stuttgarter Bub, war der letzte Philosoph, der die **Mammutaufgabe** wagte, einen Gesamtentwurf der Welt erschöpfend darzustellen. Gott, alias der Weltgeist, handelt durch jeden Einzelnen von uns. Menschen sind seine Werkzeuge, so lautete seine Erklärung. Alle Individuen, Völker, Epochen sind notwendige Durchgangsstadien im weltgeschichtlichen Prozess, der – und das hat er sich von der Bibel abgeschaut, irgendwann im idealen Zustand des göttlichen Weltgeistes endet. Aber so weit sind wir noch lange nicht.

Bislang zeigt sich, dass eindeutig die materielle Welt die Vorfahrt hat. Die automobilen Überflieger haben sich durchgesetzt, weil sich mit ihnen mehr Geld verdienen lässt, als mit der konkreten Kunst immaterieller Gedanken. Und wohl kaum ein anderes Auto verkörpert die zwei Drogen Ästhetik und Geschwindigkeitsrausch so sehr wie der **Mercedes 300 SL Flügeltürer** von Daimler-Benz. Wenn dieses Gefährt in seinem Silberglanz auftaucht, leuchten viele Augen, als wäre gerade der Messias erschienen. Erschaffen hat ihn **Rudolf Uhlenhaut.** Als 1936 die Boliden mit dem Stern nur noch in die Auspuffröhren der Konkurrenz guckten, sollte er die Rennwagen wieder auf die Erfolgsspur bringen. Das gelang, und er legte damit den Grundstein für das **Kultfahrzeug**, das in den 1950er-Jahren entstand, als ein Sportwagen entwickelt werden sollte, der an die Erfolge der 1930er-Jahre anknüpfte. Uhlenhaut baute um den Serienmotor des Mercedes-Benz 300 eine Aluminium-Karosserie. Fertig war der legendäre 300 SL Flügeltürer, mit dem die Mercedes-Piloten von einem Erfolg zum nächsten rasten. Doppelsiege bei der wahnwitzigen **Carrera Panamericana in Mexiko** oder der Doppelsieg beim 24-Stunden-Rennen von **Le Mans** ließen das schicke Auto zum Mythos werden. Uhlenhauts Konstruktion mit einem **Gitterrohrrahmen** ließ nur Flügeltüren zu. So entstand aus einer technischen Vorgabe, die der Stabilität des Fahrzeugs diente, eines der schönsten je gebauten Autos. Ein Österreicher in den USA kam auf die Idee, straßentaugliche Exemplare zu ordern. Damit wurde das Juwel auf Rädern endgültig zum Kultobjekt mit damals sagenhaften 215 PS, das bei Königs und Kinostars in der Garage stand. Doch selbst in dieser Preisklasse sind nicht alle gleich. Uhlenhaut fuhr das Kultauto als **Dienstwagen**, der noch ein bisschen mehr getunt war. Mit 290 Stundenkilometern war es damals das schnellste Auto, das für öffentliche Straßen zugelassen war.

Dennoch haben die heutigen Automobile die ehemals tollkühnen Männer in ihren fliegenden Kisten längst überholt, denn mittlerweile hat jeder Mittelklassewagen aus Stuttgart mehr Rechnerkapazität unter der Haube als die Mondfahrer damals in

Fegte alles aus dem Weg: Das Kultfahrzeug von Rudolf Uhlenhaut

ihrem gemütlichen **Apollo-Raumschiff**. Der Griff nach den Sternen geht auch ohne Mr. Spock an Bord, wie das nächste Kapitel zeigen wird.

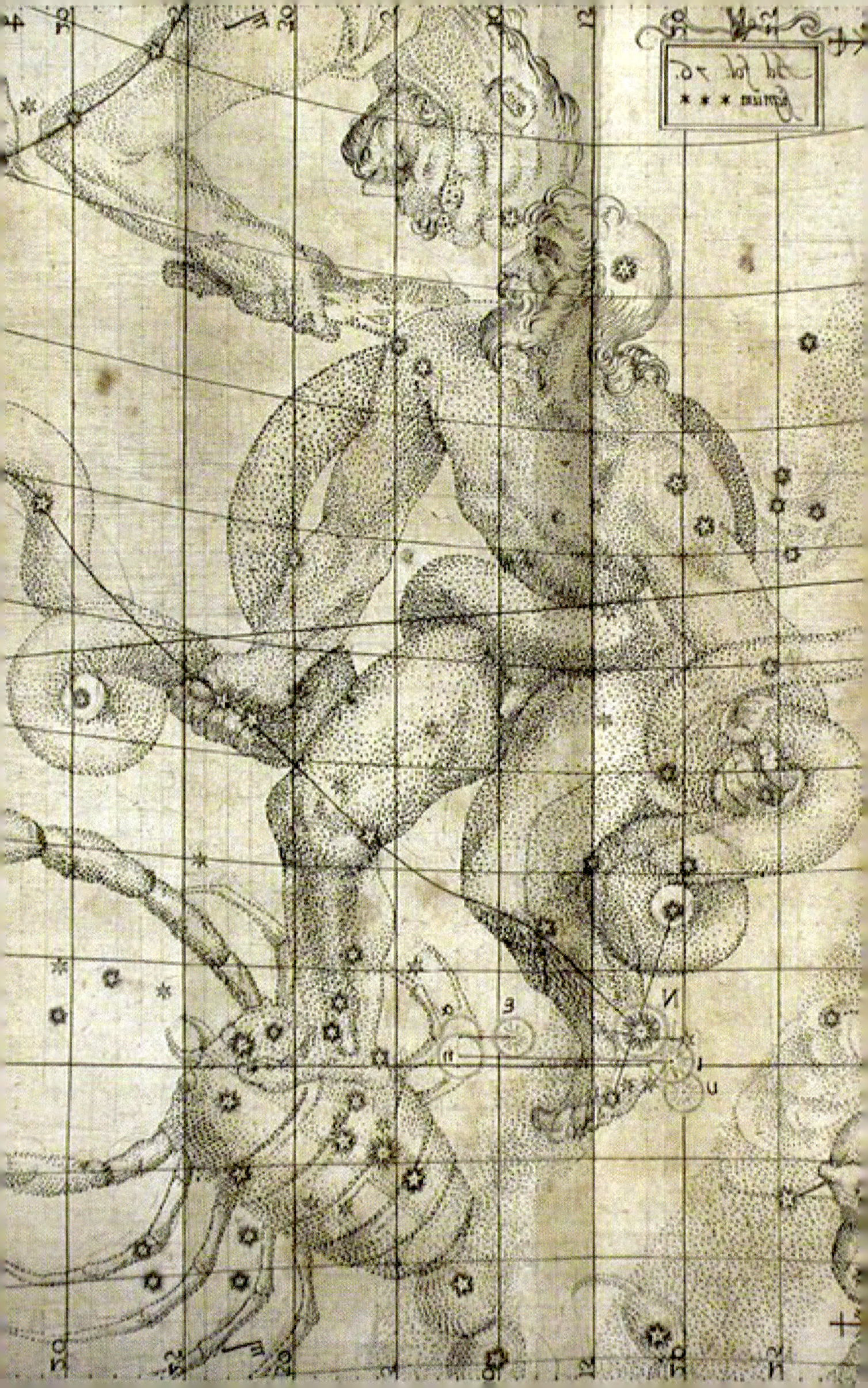

Im Glanz der Sterne

Sterne spielen eine große Rolle in der Region. Damit ist nicht etwa die Qualifikation „sternhagelvoll" gemeint, wenn etwa durch Zufall oder Vorsatz zu viel württembergischer Wein oder Bier in die Blutbahnen gelangt. Nein, hier funkeln Sternchen und Sterne nicht allein am Himmel, sondern an Autos, in der Literatur, über zahlreichen Restaurants und in einem großen Kessel. In der Region sind zwei sehr erfolgreiche Musikstars zu Hause, viele Wissenschaftler gucken lieber in die Sterne als in den Mond, Sterne lassen sich erwandern und es gibt manchen Stern am Architekturhimmel zu bewundern.

Drei Zacken – ein Stern

Es muss nicht immer Gold sein. Eine Mischung aus Zink, Aluminium, Magnesium und Kupfer reicht auch. Vorausgesetzt sie wird bei 440 Grad in die Form eines Dreizacks mit einem umlaufenden Ring gegossen. Dann wird ein Statussymbol daraus, das längst zu den bekanntesten Markenzeichen der Welt gehört. Die **Stuttgarter Autosterne** aus dem Hause Daimler haben unseren Planeten längst erobert, und sie sind dem Fahrer immer ein paar Nasenlängen voraus. Der 7,6 Zentimeter große polierte Stern demonstriert allen, dass man es geschafft hat, ob vor dem Reihenhäuschen hierzulande, im Stau von Shanghai oder im hinterletzten Kaff Südamerikas. Kein Wunder, dass der Stern begehrt ist – und polarisiert. Wer sich die Karosserie dazu nicht leisten kann, nimmt eben nur den dreigezackten Stern, um ein wenig vom Glanz eines Autos abzustauben, dessen Status unzerstörbar scheint, ein Symbol des Establishments, dessen Gegner den berühmten Kühleraufsatz bisweilen wutschnaubend aus seiner Verankerung reißen. Der Mercedes-Stern gehört wahrscheinlich zu den meistgeklauten Dingen auf diesem Planeten und ist **das am häufigsten benötigte Ersatzteil dieser Marke**.

Nur Sterne, die den Fühltest einer menschlichen Hand bestanden haben, werden noch einmal poliert und dann ausgeliefert. Schamhaft verschwiegen wird allerdings, dass das wichtigste Teil der fahrbaren Untersätze aus Untertürkheim gar nicht hier hergestellt wird, sondern an mehreren deutschen Standorten weit außerhalb der Region. Macht nichts, denn wir stellen die passenden Autos dazu her. **In Köln liegt der Ursprung des berühmten Sterns**, um später segensreich über Stuttgart aufzugehen, so wird kolportiert. Gottlieb Daimler, der von 1872 bis 1881 technischer Direktor der Gasmotorenfabrik Deutz war, markierte sein Wohnhaus in Köln mit einem Stern und prophezeite seiner Frau, dass dieser einmal segensreich über seinem Werk aufgehen werde. 1909 ließ sich die Daimler-Motoren-Gesellschaft sowohl einen Dreizack- als auch einen Vierzackstern als Warenzeichen gesetzlich schützen. Bereits ein Jahr später ist der dreigeteilte Stern in seiner plastisch geprägten Form am Kühler zu sehen. Der Dreizackstern sollte Daimlers Bemühen um eine universelle **Motorisierung zu Lande, zu Wasser und in der Luft** symbolisieren. Und in der Tat hat sich Mercedes bis Ende der 1920er-Jahre auch mit Flugzeug- und Schiffsmotoren hervorgetan, bis diese Sparten bei der Neuausrichtung des Konzerns zugunsten des Automobils aufgegeben wurden. Seit 1926 ist das Prestige-Objekt im Einsatz und ziert noch immer einen Großteil der Karossen – dennoch müssen sich manche Modelle mittlerweile mit einer geplätteten Version zufriedengeben.

Anfangs stürmte allerlei schnittiges Getier vom Windhund bis zum Adler, historisierende Halbnackedeis, dynamische Männertypen – bekannt aus Geschichte und Mythologie – den Autos voran. Der Mercedes-Stern hingegen setzte auf schlichtes, aber umso prägnanteres Understatement und zelebrierte **Markenbewusstsein** in seiner besten Form. Willkommen in der Moderne. Seit 1957 ist die Kühlerfigur sogar gelenkig, damit sich bei Unfällen niemand daran verletzen kann. Aber die Konkurrenz schläft nicht. Als den Verantwortlichen bei Daimler zu Augen und Ohren kam, dass in **Worms-Horchheim** bei örtlichen Bäckern ein **Dreizackweck** im Umlauf war, der eine gewisse Ähnlichkeit mit dem Mercedes-Stern hat, zettelte das Unternehmen 1953 einen **Markenstreit** an. Das immobile Dreizackbrötchen erschien als Gefahr für den automobilen Dreizackstern und wurde kurzerhand vor den Kadi gestellt. Doch das arme Weckle hatte Glück und konnte nachweisen, dass es sich

„I fahr Daimler, d'Stroß ghört mir", gell?

um ein **traditionelles Gebäck** handelte, das einem örtlichen Bäcker 1754 das erste Mal von der Schippe gesprungen ward. Es wird immer jeweils am vierten Fastensonntag gebacken und symbolisiert die Dreifaltigkeit – die war bekanntlich ebenfalls immer sehr mobil: ob zu Lande, zu Wasser oder in der Luft.

Sternstunden im Internet

Anno 2007 sorgte dann der **Todesstern Stuttgart** für Furore. Ein Zwei-Minuten-Film unter dem Titel „Virales Marketing im Todesstern Stuttgart" entwickelte sich zu **einem der meistgeklickten Clips im Internet**. Der Link dazu verbreitete sich in Lichtgeschwindigkeit, und nicht allein die Schwaben kamen aus dem Lachen nicht mehr heraus. In der synchronisierten Glosse ist schwäbelndes Star Trek Personal zu sehen, dessen Ereifern über virales Marketing nicht nur Vorstandsetagen, sondern die gesamte Werbewelt selbst kräftig durch den Kakao zieht. Darth

Vader und seine Getreuen schwätzen und schwadronieren am runden Tisch über ein Werbeinstrument, das vor einigen Jahren in der Szene als neues Allheilmittel gefeiert wurde. Im Todesstern-Clip – Ähnlichkeiten mit noch bestehenden Unternehmen sind rein zufällig – wird knallhart in bestem Werber-Denglish und behäbigem Schwäbisch über „Branding" gestritten, weil sonst die „Leadership Position am Arsch" ist und mit traditioneller Werbung, sprich „Hennadreck", „koine Purchase Decision" erreicht werden. **„Virales Marketing, des macht doch wirklich scho jedes kloine Handwerkerle"**, bellt einer – darauf folgt Darth Vaders großer Auftritt: „Aber mir han mehr Kohle als die", entgegnet der ganz trocken, wird aber später als der mit dem schwarzen Werbeanzügle verunglimpft und vom Chief Commander als streitsüchtiger Grasdackel beschimpft.

Man rätselte damals herum, wer wohl dahintersteckte. Erst nach einiger Zeit lüftete der Macher des Clips seine Identität. **Dominik Kuhn**, der seit 1987 in **Reutlingen** eine eigene Agentur hat, die Werbespots und Audiobeiträge für namhafte Unternehmen produziert. Der Mann mit dem Hang zur Selbstironie, der den Todesstern aus Spaß an der Freud' gemacht hat, wird mittlerweile für Vorlesungen und Vorträge gebucht. Der schwäbischen Synchronisation ist er derweil treu geblieben. Unter dem **Pseudonym dodokay** veröffentlicht er auf YouTube-Szenen aus aller Welt – wenn sie denn nur Schwäbisch spräche, ob mit Obama als grantelndem Hausmeister aus der Wilhelmstraße 48 – das ist die Berliner Adresse eines einfachen Hostels – oder mit einer typischen Talkshow, deren Runde, darunter Günter Oettinger, der als „Partyfeger von Ditzingen" vorgestellt wird, sich den Tiefen schwäbischen Humors widmet. Die Welt auf Schwäbisch und **„Schwaben, Menschen, Abenteuer"** sind kleine Sternstunden auch für Leute, die sonst mit dem Dialekt wenig anfangen können.

Pop-Sterne

Während der eine ein Internet-Star ist, sind andere aus der Region mit ihren Stimmbändern bekannt geworden. Zwei der bekanntesten und erfolgreichsten Sterne am deutschen Pop- und Schlagerhimmel sind hier zu Hause. Wir brauchen kein DSDS-Tingeltangel, denn wir haben **Andrea Berg**. Man mag zu ihrer Musik stehen, wie man will – sie ist die **erfolgreichste deutsche Sängerin** und hat eine beeindruckende Karriere hingelegt. Ihr Hit „Du hast mich tausendmal belogen" stand 2007 auf Platz zwei der GEMA-Top-Ten internationaler Lieder. An einer Menge englischsprachiger Bands und Sängern vorbeizuziehen, das muss ihr erst mal einer nachmachen. Die ehemalige Krankenschwester betört ihre Fans mit knappen Miniröcken, Strapsen sowie hochhackigen Overknee-Stiefeln und inszeniert sich gerne in verruchtem schwarzen Leder. In **Kleinaspach** bei **Backnang** lebt sie ihr bürgerliches Leben mit Mann und Tochter. 1992 wurde sie entdeckt, und weil nicht nur Gummireifen oder Haferflocken, sondern auch Musiker heute eine Marke sind, ließ sie sich im Jahr 2000 **ihren Namen im deutschen Markenregister** eintragen. Es regnete Auszeichnungen, und ein Abonnement auf die ersten Plätze scheint die Sängerin mit der Domina-Attitüde auch zu haben. Allein sechsmal gewann sie den deutschen **Musikpreis ECHO**, achtmal die **Goldene Stimmgabel**. Das Album „Schwerelos", das sie mit dem Musik-Schwerenöter Dieter Bohlen 2010 herausgebracht hat, verkaufte sich innerhalb von sechs Tagen mehr als 200 000 mal. In anderen Branchen nennt man so etwas einen Hype und spricht von einer Cash-Cow. Heute blickt die Sängerin auf 20 erfolgreiche Jahre im harten Showbusiness zurück. Mehr als **neun Millionen verkaufte Platten**, und das, obwohl ihr nur der deutschsprachige Markt zur Verfügung steht. Neben ihrer Schlagerkarriere enga-

So sehen echte Stars aus: purer geht's nicht

giert sich Andrea Berg auch gesellschaftlich. 2008 verlieh ihr Horst Köhler im Schloss Bellevue den **Verdienstorden am Bande der Bundesrepublik Deutschland** für ihre jahrelang währende Hospizarbeit. Das sollten auch die bösartigsten Schlagerfeinde anerkennen.

Aus **Bietigheim-Bissingen** zogen 1980 vier Jungs los, um die Hitparaden, Verkaufscharts und Hallen zu stürmen. Die **Band PUR** mit ihrem Frontmann Hartmut Engler ist seit über 20 Jahren eine Institution im Popgeschäft. Zweimal wechselte sie ihren Namen. Als Roland Bless und Ingo Reidl, die brav aufs Gymnasium gingen, 1975 wie viele andere auch eine Band gründeten, hörte es sich noch etwas martialischer an. **Crusade** nannten sie sich. Die musikalischen Kreuzzügler probten **im Keller**

einer aufgeschlossenen Kirchengemeinde und spielten vornehmlich Coverversionen. Ein Jahr später nahm ein Junge aus dem benachbarten **Ingersheim** Klavierunterricht bei Ingo. Singen scheint ihm allerdings mehr zu liegen, denn bei einer Probe wird Hartmut Engler prompt als neuer Sänger engagiert. Die ersten zwei Alben bezahlen die Jungs aus eigener Tasche und verkaufen sie scheibchenweise auf der üblichen Ochsentour direkt nach ihren Konzerten. Schon früh experimentieren sie mit deutschen Texten. In den 1980er-Jahren erscheint das trotz des Erfolgs der Neuen Deutschen Welle nicht unbedingt als eine sichere Bank im Musikgeschäft. Als PUR überflügelten sie bald alle anderen und trafen den Nerv vieler Menschen mit Texten über das, was jeden bewegt: Zwischenmenschliches, aber auch gesellschaftliche Themen. **„Funkelperlenaugen"** ist ihr **erster Radiohit**, der die Jungs aus Bietigheim weit übers heimische Sendegebiet bekannt macht. 1990 kommt „Lena" heraus; bis heute ist der Titel ein **absoluter Publikumsfavorit**. Eines der bekanntesten und erfolgreichsten Alben ist **„Abenteuerland"**, aufgenommen in Nashville und abgemischt von John Kelly in London. Als es erscheint, belegt es sofort Platz eins, und an manchen Tagen brach jeder zweite Käufer auf ins Reich der Fantasie. PUR hat 2002 spontan bei der Abschlussparty der Fußballnationalmannschaft in Japan gespielt, und dreimal feierten 62000 Fans „PUR & Friends live auf Schalke" im großen Stadion. Aus der Schülerband von einst ist das geworden, wovon alle träumen, die bei Supertalent-Shows mitmachen. Sie sind absolute Stars geworden, überhäuft mit goldenen und **Platinplatten, Musik-Awards- und einem Bambi**, bejubelt von Fans, die ihnen eigene Seiten im Internet widmen, und natürlich einem prall gefüllten Bankkonto – **die erfolgreichste deutsche Popband**. Benefiz-Konzerte gehören bei PUR ebenso dazu wie die Nähe zu den Fans.

Der Poet mit Sonne im Herzen

Vor 100 Jahren waren ganz andere Stars gefragt. Aber wer kennt heute noch den Stuttgarter Dichter **Cäsar Otto Hugo Flaischlen** (1864–1920), der in der Rotebühlstraße 63 geboren wurde und als Schüler des Eberhard-Ludwigs-Gymnasiums Verse schmiedete? Sein Ehrengrab findet sich auf dem **Stuttgarter Pragfriedhof** vor dem Krematorium. Ansonsten stolpert man eher zufällig in Antiquariaten über diesen Lyriker, dessen Stern am Poetenhimmel nahezu verblasst ist. Flaischlen schrieb mehrere Bestseller und war ein **literarischer Popstar der Jahrhundertwende**. Er hielt Vorträge. Seine Bücher erreichten Auflagen von bis zu 300 000 Exemplaren. An manchen Tagen erreichten ihn bis zu 500 Briefe seiner Fans. Seine ersten Bändchen veröffentlichte der Stuttgarter noch unter dem eleganten Pseudonym C. F. Stuart.

1903 schrieb Flaischlen ein Gedicht, das die meisten kennen, aber dessen Verfasser gründlich vergessen wurde: **„Hab' Sonne im Herzen, ob's stürmt oder schneit, ob der Himmel voll Wolken, die Erde voll Streit"**. Nachdem sich Kanonendonner und Kriegsqualm des Ersten Weltkriegs verzogen hatte, erwies sich sein Aufruf zur inneren Einkehr als Orakel und wurde von Hunderttausenden gerne gegen die Wehwehchen dieser trüben Zeit als literarische Medizin eingenommen. Sein Gedichtband **„Von Alltag und Sonne"** erlebte einen ungeheuren Boom. Flaischlen schrieb viel Naturpoesie, meist romantisierend naturalistisch, manchmal hingetupft wie ein impressionistisches Bild, zuweilen expressiv überzeichnet, aber immer mit dem Glauben an einen Sinn. **Hunderte von Feldpostbriefen** zeugen davon, dass seine Verse Hoffnung und Halt gaben. Einige Ausgaben Flaischlens sind in seiner Original Handschrift gedruckt. **Ludwig Sütterlin** bezeichnete Flaischlen in dem 1917 erschienenen Buch „Neuer Leitfaden für den Schreibunterricht“ als einen der bekanntesten „Schönschreiber“.

Der Mann mit dem bildungsbürgerlich gesättigten Vornamen und dem bodenständigen schwäbischen Nachnamen machte von 1880 bis 1883 in der Metzler'schen Buchhandlung eine Lehre. Dabei legte er sich den Rufnamen „Otto“ zu, weil der Cäsar wohl für den Stuttgarter Alltag nichts taugte. Der Stuttgarter mit dem Doktor in Germanistik und Philosophie profilierte sich auch als **Mundartdichter** und erzielte mit dem Bändchen **„Von Derhoim und Drauße“** hohe Auflagen. Und wie viele andere Schwaben zog es auch Flaischlen nach Berlin. Die für viele seiner Landsleute typische Zerrissenheit zwischen dem Ruf der Ferne und der Heimatverbundenheit greift Flaischlen in seinem Gedicht **„I müeßt koi Schwôb sei!“** auf: „De Böndel gschnürt! uf d Eisebah'!/bhüet Gott üch, recht ond schlecht!/(...) koi Angst! i komm scho z'recht!/So schö s jô en d'r Hoimet ist,/so viel au Liebs oin hält,/i müeßt koi Schwab sei,/mecht i net au naus emôl en d'Welt!“

Dennoch fürchtete er anfangs, dass „in Stuttgart mein Lorbeer nie und nimmermehr blüht“, und emigrierte 1890 ganz nach Berlin, wo er – weit weg von Mundart und Heimattümelei – von 1895 bis 1900 als **Literaturredakteur bei „Pan“**, dem führenden Kunst- und Literaturmagazin, tätig war. Flaischlen verfasste auch Dramen und Romane und wurde dafür als „Beichtvater der gesamten jüngeren Dichtergeneration“, gar als „Revolutionär“ in den höchsten Tönen gerühmt. Sein 1905 erschienener **Roman „Jost Seyfried“** erregte großes Aufsehen, weil er mit rhythmischer Prosa arbeitete und Aphorismen, Sprüchen sowie Reime einstreute.

Um 1915 zog sich Flaischlen mit seiner Ehefrau Dillie ins hohenlohische **Ingelfingen** zurück. Dort mietete er sich im Schloss ein und starb bereits 1920 an einem zu spät erkannten

Drei magische Buchstaben versprechen geistvollen Lesegenuss

Lungenabszess. Vermutlich stammen einige der Verse der posthum veröffentlichten Gedichtesammlung „Mandolinchen, Leierkastenmann und Kuckuck" aus dieser Zeit. Obwohl die Heimat unter braunen Vorzeichen neu vermarktet wurde, verschwanden seine Werke bald aus dem Bewusstsein der Öffentlichkeit. Einige **Flaischlen-Wege** und Straßen in der Region, so etwa **in Marbach, Stuttgart, Heilbronn, Göppingen, Leonberg und Ellwangen** zeugen von dem Poeten mit der Sonne im Herzen wie auch antiquarische Entdeckungen, unter anderem aus der **Deutschen Verlags-Anstalt in Stuttgart**.

Sterne am Literaturhimmel

Die **DVA**, deren Wurzeln ins frühe 19. Jahrhundert zurückgehen glänzte als ein Stern am Verlagshimmel, nicht nur in der **Region Stuttgart**, wo heute noch **mehr als 200 Verlage etwa 300 Zeitschriften und 5000 Buchtitel pro Jahr** publizieren, sondern auch deutschlandweit. Im DVA-Buchverlag wurden die Werke von **zwölf Nobelpreisträgern, vier deutschen Bundespräsidenten und dreizehn Kanzlern** veröffentlicht. Ein kurzer Blick in die Autorenliste lässt einen innerlich den Hut ziehen vor so viel Geist, Wissen und Lebenserfahrung: Konrad Adenauer, Arnulf Baring, Tania Blixen, Paul Celan, Charles Dickens, Albert Einstein, Theodor Fontane, Erich Fromm, Erich Kästner, Ian Kershaw, Theodor Heuss, Ulla Hahn, Le Corbusier, Sarah Kirsch, Carlos Fuentes, José Ortega y Gasset, Marcel Reich-Ranicki, Leo Tolstoi, Emile Zola.

Dabei war **der Louis aus Plochingen**, der gelernte Kaufmann **Ludwig Wilhelm Friedrich Hallberger** (1796–1879), damals noch nicht einmal Buchhändler, als er 1830 einen Teil der **Franckh'schen Buchhandlung** in Stuttgart kaufte und so den Grundstein für die DVA legte. Was in der Buchbranche alles zu beachten ist, lernte er bei seinem Freund, dem **Stuttgarter Verleger Paul Neff**. 1831 gründete er dann seinen eigenen Verlag, der zu einem der bedeutendsten deutschen Verlage seiner Zeit heranwuchs. Sein Sohn, Eduard von Hallberger, führte die väterlichen Geschäfte ebenso erfolgreich weiter. Die **Hallberger'sche Verlagshandlung** fusionierte 1873 mit dem Verlag seines Sohnes Eduard. Seit dem 1. Juli 1881 hieß das Unternehmen Deutsche Verlags-Anstalt. 1920 kaufte sich **Robert Bosch** als Mehrheitsgesellschafter ein, und von 1915 bis 1922 lebte die Verlegerfamilie Hallberger in der **Villa Reitzenstein**, dort, wo heute der Ministerpräsident von Baden-Württemberg in schönster Halbhöhenlage offiziell residiert. Die DVA ist heute auseinandergerissen. Nur noch der Fach- und Zeitschriftenverlag hat seinen Sitz in Stuttgart in der Neckarstraße, die Bücher werden in München gemacht und das Sagen hat ein amerikanischer Multi, die Verlagsgruppe Random House. In der ehemaligen Hallberger'sche Verlagshandlung erschien die erfolgreiche **Zeitschrift „Über Land und Meer"**, ein Magazin für die ganze

Familie, eine Mischung aus Geo, Spiegel und Tageszeitung für die interessierte bürgerliche Familie des 19. Jahrhunderts, die wissen wollte, was hinter dem eigenen Gartenzaun an Seltsamkeiten passierte. Ganz fortschrittlich waren die **zahlreichen Bilder** in der Zeitschrift, denn „den doppelten Anforderungen unserer Zeit zu genügen, was ist und was geschieht in lebendigen Bildern durch Feder und Stift zu vergegenwärtigen – das ist's, was sich unser Journal zur Aufgabe gestellt".

Der deutsche Vorreiter in Sachen Unterhaltung und Belehrung war hingegen das – in heutigen Ohren gestelzt klingende – **„Morgenblatt für die gebildeten Stände"**, ebenfalls ein verlegerischer Stern aus der Region. Der Titel zeigt an, wo es langging: Literatur und Kultur für's Bildungsbürgertum standen hoch im Kurs. 2500 Stück Auflage galt damals in der Presselandschaft als Bestseller. Bis zu sechsmal wöchentlich erschien das Blatt mit einer bunten Mischung von Gedichten bis hin zu Naturkunde. Das Morgenblatt wurde von 1807 bis 1865 bei Cotta in Tübingen und Stuttgart verlegt und war die **erste erfolgreiche Zeitschrift**, die quer durch Deutschland gelesen wurde und als historischer Stern am Literaturhimmel leuchtet. Nicht allein, dass die **Cotta'sche Verlagsbuchhandlung** zu den meistgeschätzten und einflussreichsten deutschen Verlagen dieser Zeit gehörte – Cotta verlegte **die großen Geister seiner Zeit**, denen Deutschland noch heute das Etikett des Landes der Dichter und Denker verdankt: Schiller und Goethe, Fichte, Schelling und Hegel, Hölderlin und Herder, Kleist, Jean Paul und Alexander von Humboldt. Der deutsche Dichtergeist lebt nicht allein in staubigen alten Folianten. Er beschäftigt Wissenschaftler bis heute, nervt zuweilen manchen Schüler, inspiriert Theateraufführungen und beeinflusste selbst politische Systeme. Cottas Publikationen schickten alle diese Gedanken weltweit auf Wanderschaft, wo sie bis heute ihre Wirkung entfalten.

Kein Wunder, dass auch im Morgenblatt für die gebildeten Stände das **Who is who der** jeweils **aktuellen Literaturszene** zu finden war. Friedrich Rückert, Wilhelm Hauff und Gustav Schwab, um nur einige zu nennen, waren Chefredakteure des Blattes. Zu den Autoren gehörten Theodor Fontane, Heinrich Heine, Gottfried Keller, Justinus Kerner, Nikolaus Lenau, Conrad Ferdinand Meyer und Eduard Mörike. **Annette von Droste-Hülshoff** veröffentlichte hier 1842 erstmals ihre Novelle **„Die Judenbuche"**. Bild dir deine Meinung war damals schon aktuell – nur auf deutlich anderem Niveau.

Decken- und Himmelsgewölbe

So richtig schöne alte Sterne gibt es in der Region natürlich auch zu gucken. Es reicht aus, in manchen Kirchen den Kopf in den Nacken zu legen, denn im 15. Jahrhundert war dem gotischen Baustil keineswegs die Puste ausgegangen. Zu dieser Zeit wurde es modern, das ursprünglich einfache Rippengewölbe des Kircheninnenraumes immer weiter zu verfeinern. Mehrere Kirchen aus der Region prunken mit dieser funkelnden Sternearchitektur spätmittelalterlicher Baukunst. Dazu gehören sowohl das **Münster** in **Schwäbisch Gmünd**, dessen Sternrippengewölbe im Chor 1491 nach den Plänen von **Aberlin Jörg**, dem bedeutendsten Architekten des spätgotischen Kirchenbaus in Württemberg, geschaffen wurde. In **Bad Urach** beauftragte 1474/75 Graf Eberhard V. seinen Baumeister Peter von Koblenz die **spätgotische Stiftskirche** zu bauen, die sich mit einer Mischung aus Netz- und Sterngewölbe schmückt. Ähnlich und dennoch viel außergewöhnlicher präsentiert sich die berühmte **Peterskirche** in **Weilheim/Teck**, die unabhängig vom Sternengewölbe aufgrund ihrer prächtigen und seltenen Ausstattung, die viele Bil-

Mindestens so beeindruckend wie das Himmelszelt: Sternendecke in Köngen

dergräuel der Reformation überstanden hat, ein Kirchenkleinod der besonderen Art ist. Auch in der ehemaligen **Denkendorfer Klosterkirche** ist der Chor entsprechend ausgestaltet. Die schönsten gotischen Sterne finden sich allerdings im Chor der **Peter- und Pauls-Kirche** zu **Köngen**. Die charaktervolle Kirche steht gut sichtbar am Hang des Neckartals, während weiter unten der Verkehr auf der B 313 in Richtung Autobahn vorbeibraust. Der Baumeister des Gotteshauses Stephan Waid wurde später als Dombaumeister nach Konstanz berufen. Meister Merx aus Esslingen vollendete das Gotteshaus. So schlicht es nach außen auch erscheint, innen öffnet sich das wunderbare Reliefmuster, das über und über mit **kostbaren Renaissance-Malereien** aus dem Jahr 1610 geschmückt ist.

Sterne im Weltall

Wer noch ältere Sterne anschauen will, begibt sich am besten ins **Stuttgarter Planetarium**, das zu den drei besucherstärksten Planetarien in Deutschland gehört. Der 1977 eröffnete Neubau im Mittleren Schlossgarten ist der Nachfolger einer kriegszerstörten Einrichtung, die sich von 1928 bis 1943 in einer Kuppel des ehemaligen **Hindenburgbaus** gegenüber dem Hauptbahnhof befunden hat. In dem denkmalgeschützten Gebäude, das heute vor allem Büros und Geschäfte sowie den **Baden-Württembergischen Städtetag** beherbergt, wackelten in den 20er-Jahren regelmäßig die Wände, denn in einem beliebten **Tanzcafé** flirtete halb Stuttgart. Das Bauwerk sollte ursprünglich noch länger und höher werden, um ein **Gegengewicht zum Bonatz'schen Bahnhof** zu bilden. Seit 2005 schmückt es sich mit einer Doppelfassade aus Stahl und Glas. 2010 wurde es seines Namens beraubt. Auf eine Initiative von zwei Stadträten wurde **Paul von Hindenburg** zur **persona non grata** erklärt, da er ein Feind „der Demokratie und der Weimarer Republik" gewesen sei und „Hitler den Weg geebnet" habe. Die Stadt Stuttgart erkannte ihm die Ehrenbürgerwürde ab. Seitdem wartet das historische Gebäude auf seine Umbenennung.

Dies ficht das Stuttgarter Planetarium nicht an. Es versteht sich als modernes Sternentheater und erlaubt die Darstellung eines so brillanten Himmels, wie ihn nur Raumfahrer außerhalb der Erdatmosphäre erleben können. Leistungsfähige Computer zeigen und steuern die Gestirne. Damit sind Zeitsprünge von mehreren tausend Jahren innerhalb von Sekunden möglich. Wem das noch nicht reicht, der besucht die einmal wöchentlich angebotene **astronomische Sprechstunde**. Spätestens dort lernt man, dass ein Planet ein Himmelskörper ist, der sich in einer Umlaufbahn um einen Stern bewegt. Dabei produziert er

Als hätte er die Touristen im Blick gehabt: Stöfflers Uhr am Tübinger Rathaus

kein eigenes Licht, sondern reflektiert das Licht des Sterns. Oder man besucht die **Sternfreunde Donzdorf e.V.** Die **Messelbergsternwarte** in Donzdorf (Kreis Göppingen) ist eine private Volkssternwarte, die seit 1985 von Vereinsmitgliedern aufgebaut wurde. 1985 wurde der Verein gegründet. Seit ihrer Eröffnung haben weit über 40 000 Menschen die Sternwarte besucht. Dort lassen sich nicht allein der funkelnde Nachthimmel, sondern auch **Wetterphänomene, Wolkenformationen und Gewitter** beobachten. Die besten und aktuellsten Aufnahmen stehen auf der Website der Donzdorfer Sternfreunde in einer Bildergalerie bereit.

Tübinger Sternenhimmel

In der gelehrten Universitätsstadt Tübingen war man naturgegeben etwas früher dran mit dem Beobachten von Sternen. 1507, 30 Jahre nach der Universitätsgründung, wurde ein Pfarrer und

Instrumentenbauer, der überaus gelehrte **Johannes Stöffler**, als erster Lehrer für Astronomie nach **Tübingen** berufen. Stöfflers Kalender und Tabellen, Uhren und Himmelsgloben waren weit über die Region hinaus bekannt. Auch **Nikolaus Kopernikus** nutzte sie. Auch Tübingens berühmte **astronomische Uhr an der Fassade des Rathauses** stammt von Stöffler.

Der Mathematiker **Michael Mästlin aus Göppingen** lehrte ebenfalls dort. Seiner Unterstützung ist es zu verdanken, dass 1596 **Johannes Keplers erstes Werk „Mysterium Cosmographicum"** in Tübingen gedruckt wurde. Der **Dachboden der Tübinger Stiftskirche** diente ihm, der Überlieferung nach, als Planetenkarte. Durch kleine Löcher in den Dachziegeln fiel das Licht von Sonne und Mond auf den Boden und wurde, wie bei einer Lochkamera, vergrößert abgebildet. 1752 bekam das Tübinger Schloss eine Universitätssternwarte, die sich seinerzeit rühmte, eine der besten Deutschlands zu sein. Ein weiterer Pfarrer, **Johann Gottlieb Friedrich von Bohnenberger**, gründete hier 1816 die **erste Fachzeitschrift für Astronomie**. Er war der Erste, der Württemberg auf wissenschaftliche Weise vermaß. Dabei bildete die **Tübinger Sternwarte** den Nullpunkt. Als Bohnenberger 1831 nach 33 Jahren als Professor starb, reimten die Tübinger: „Die Sternwarte ist jetzt verwaist, seit Bohnenberger den Himmel selbst bereist." Und gut hundert Jahre später warfen die Nazis vorsorglich einen zukünftigen Nobelpreisträger aus dem Land. Der Tübinger Physiker **Hans Bethe** entwickelte dann in den USA die Theorie der Kernfusion im Innern von Sternen. Seit 1956 besteht die **neue Sternwarte auf der Waldhäuser Höhe**. Als Forschungssternwarte hat sie keine Bedeutung mehr. Dafür bietet die Astronomische Vereinigung Tübingen regelmäßig öffentliche Himmelsbeobachtungen und astronomische Vorträge an. Der dort eingesetzte **30-Zentimeter-Refraktor von Zeiss** mit fünf Metern Brennweite gehörte ursprünglich dem **Nobelpreisträger Carl Bosch**, der das Instrument für rund 64 000 Goldmark 1925 erworben hatte. Das Gerät stand in seiner Heidelberger Privatsternwarte und gelangte Anfang der 1950er-Jahre nach Tübingen. Dennoch ist es für viele Ausflügler noch wichtiger, dass die Sternwarte schön gelegen ist und ein hübsches Gartenrestaurant zum Verweilen einlädt. In der Parkanlage befindet sich ein Kunstwerk, auf dem die Planetenumlaufbahnen markiert sind. Dazu zeigt eine im Boden eingelassene, sogenannte **analemmatische Sonnenuhr** die Zeit an. Stellt man sich an den für die Jahreszeit richtigen und gekennzeichneten Punkt, lässt sich am Schattenwurf des Körpers die Uhrzeit ablesen.

Gibt es noch eine Sternwarte? Ja, klar, auch auf der **Uhlandshöhe im Stuttgarter Osten** lässt sich in den Weltraum gaffen, und man ist den Lichtblicken im Weltraum noch etwas näher oder findet gar Gefallen daran, auf die schiefe Bahn zu geraten. In unmittelbarer Nähe und nur einen Steinwurf von der Innenstadt entfernt liegt **Stuttgarts älteste Minigolfanlage**. Hier lässt sich gemächlicher Volkssport mit Villenblick betreiben. 1962 eröffnet, war die Anlage sogar zweimal **Austragungsort der deutschen Meisterschaften**. Die Mischung aus Panorama und Patina würden viele treue Besucher jederzeit mit einem Stern auszeichnen.

Ab Stuttgart ist der Weg ins All nicht weit

Baden-Württemberg und vor allem die Region ist ein **Paradies für Raumfahrer**. Hier schaut man nicht in den Mond, sondern greift nach den Sternen. Die Universität Stuttgart mit der Fakultät für Luft- und Raumfahrt samt angeschlossener Forschungseinrichtungen ist die deutsche Forschungshochburg auf diesem

Futuristisches Ufo für den Griff nach den Sternen: Raumfahrtzentrum

Zukunftssektor. Ganze 14 Institute befassen sich in **Europas größter Fakultät für Luft- und Raumfahrt** mit Fluggeräten und Antrieben, Satelliten und Weltraumfahrzeugen. Ein futuristisches Gebäude aus Glas und Metall in stromlinienförmiger Silhouette am Pfaffenwaldring ist kein Ufo von einem anderen Stern, sondern das neue **Raumfahrtzentrum Baden-Württemberg**, das 2011 eröffnet wurde. Die Wahl des Standorts in der Region Stuttgart lag nahe, da die Raumfahrt ein Technologieschrittmacher für ganz Baden-Württemberg ist, das als Raumfahrtland Nr. 1 in Deutschland gilt.

Rund **42 Prozent aller Menschen**, die in Deutschland beruflich Richtung Weltall schauen, arbeiten an Industrie- und Forschungsstandorten in Baden-Württemberg. Seitdem ist die Universität Stuttgart zur europaweit bedeutendsten universitären Forschungs- und Ausbildungsstätte im Bereich der Raumfahrt aufgestiegen. Das landesweite **Raumfahrtforum** für Wissenschaft, Industrie und Öffentlichkeit nutzen Studenten, Wissenschaftler und andere Interessierte. In aufwändigen Ausstellungen lassen sich immer wieder Blicke in die Tiefen des Weltalls werfen. Für die rund 2000 Studierenden der Fakultät für Luft- und Raumfahrt und Geodäsie sind das einmalige Voraussetzungen, um zu lernen. Im Raumfahrtzentrum ist auch das deutsche Institut der **fliegenden Sternwarte Sofia** beheimatet, ein umgebauter Jumbojet mit eingebautem Riesenteleskop. Oft ist er in 13 000 Meter Höhe unterwegs, um von dort noch näher und bei klarerer Sicht den Sternen neugierig ins Wohnzimmer zu schauen. Ebenfalls am Pfaffenwaldring ist das **Deutsche Zentrum für Luft- und Raumfahrt (DLR)** zu Hause. Es bildet ein strategisches Netzwerk zwischen Universität, außeruniversitären Forschungseinrichtungen, Wirtschaft und Gesellschaft. In Stuttgart ist das DLR mit fünf von 29 Forschungsinstituten vertreten.

Der bekannteste deutsche Raumfahrer und der erste Nichtamerikaner, der mit einem Space Shuttle zu den Sternen unterwegs war, ist **Ulf Merbold**. Der begeisterte Freizeit-Segelflieger lebt in **Stuttgart**, war ab 1983 bei insgesamt drei Missionen 55 Tage lang im Weltall und ist damit der **Deutsche, der die meisten Flüge jenseits der Stratosphäre** aufweisen kann. Er umrundete 295 mal die Erde und hatte als Wissenschaftler und Ausbilder nachhaltigen Einfluss auf die Weltraumforschung. 1962 zog Merbold, der sich aus der DDR in den Westen abgesetzt hatte, zu einer Tante nach Stuttgart. Während seines Physikstudiums und der Promotion musste er Geld verdienen. Er **nagelte Kisten zusammen, wechselte Reifen, fuhr Telegramme aus, jobbte in der Bibliothek und sogar als Skilehrer**, die man sonst eher nicht mit Interesse für „Strahlenschädigung von stickstoffdotiertem Eisen nach Neutronen-Bestrahlung bei 140 Grad Celsius mithilfe von Restwiderstandsmessungen“ in Zusammenhang bringt, so der Titel seiner Dissertation aus dem Jahr 1976. Sieben Jahre zuvor heiratete er seine Studentenliebe in der **Kapelle von Schloss Solitude** – auch Physiker können romantisch sein. Der hochdekorierte Raumfahrer lässt so manchen Honorkonsul und Ehrendoktor vor Neid erblassen, hat er doch beim Ausgehen die Wahl, seinen Anzug mit diversen Auszeichnungen zu schmücken, darunter das Bundesverdienstkreuz Erster Klasse oder der russische Orden der Freundschaft. Sein Blick auf die Erde vom Weltall aus war eine tief greifende Erfahrung. Man müsse einen Dichter in den Weltraum schicken, um den Anblick der Erde von oben zu beschreiben, und selbst dieser hätte wohl Mühe damit, sagte Merbold in einem Interview. Gleichzeitig sei es beängstigend, wie dünn die Atmosphäre ist, die den Horizont säumt, wie verletzlich und klein diese Erde wirkt. **Sein Weltbild habe sich dort oben verändert**, erzählt Merbold. In seinem Buch „Der Overview Effekt“ schreibt er: „Eine Eigenschaft des Raumschiffes Erde ist, dass keiner der Passagiere aussteigen kann.“ Merbold ist davon überzeugt, dass die Menschheit auf Dauer nicht in einem Gegeneinander überleben kann. Diese Erfahrung hat ihn dazu bewogen, der unabhängigen **Association of Space Explorers (ASE)** beizutreten, die 1985 von internationalen Astro- und Kosmonauten gegründet wurde, übrigens gegen den Willen der US-amerikanischen und der sowjetischen Regierung. Die ASE-Mitglieder vertreten das ideelle Ziel, die weltweite Zusammenarbeit und das Zusammenleben aller Menschen, ungeachtet ihres Geschlechts, ihrer Herkunft, ihrer Nation oder Rasse, auf allen erdenklichen Gebieten zu fördern und zu verwirklichen. Ulf Merbold selbst, der auf der Raumstation MIR mit russischen Kollegen auf engstem Raum arbeitete, lebt diese Gedanken und hat anderen verziehen. Weil er sich weigerte, in die FDJ einzutreten, **durfte er in der DDR nicht studieren**. Sein Vater war im Lager Buchenwald, das die russischen Besatzer weiterbetrieben, interniert und ist 1948 dort gestorben.

Doch was wären die Raumfahrer und Himmelsgucker ohne **Johannes Kepler**, der Kopernikus' heliozentrisches Weltbild übernahm, die Gesetze der Planetenbewegung erkannte und formulierte. 1571 in **Weil der Stadt** geboren und dort wie auch in **Leonberg** aufgewachsen, stand ihm eine äußerst wechselvolle Lebensgeschichte bevor, in der er unter anderem als Hofmathematiker am damals glanzvollsten Hof Europas, bei **Rudolf II. in Prag**, als Astrologe für **Wallenstein** und als Landvermesser in Österreich tätig war. Die Tübinger Universität hielt dagegen keinen Pfifferling auf ihn. Dafür **verteidigte** Kepler **erfolgreich seine Mutter, die als Hexe angeklagt war**. Kepler war ein faszinierender Mensch, der in einer Zeit lebte, in der Menschen radikal das zerstörten, was sie geschaffen hatten, sich gegenseitig auf brutalste Weise umbrachten, während gleichzeitig in den Köpfen alte Weltbilder zusammenkrachten und neue Sichtweisen entstanden – die Schlachtfelder lagen allerorten. Nach ihm ist ein Stern benannt, **Keplers Supernova**. Der Stern ist vergangen und heute nicht mehr zu sehen. Er explodierte im Jahr 1604 und entwickelte dabei eine extreme Helligkeit, sodass der an sich tote Stern am hellsten von allen am Nachthimmel leuchtete. Kepler veröffentlichte seine Beobachtungen 1606 in seinem **Buch „De Stella nova"**. Der scheinbar neue Stern, der jedoch nur ein Lichtjahre entfernter Abglanz seines Endes war, brachte Wissenschaftler und vor allem die Geistlichkeit vollkommen durcheinander, die bis dahin davon ausgegangen waren, dass die Fixsterne und das Himmelsgewölbe unveränderlich seien. Kepler gehörte zu denen, die schon früher mehr wussten, als andere sich auch nur vorstellen konnten.

Zu Fuß durchs All

Wer es bodenständiger mag und weder die Physikkenntnisse, noch die Kondition für den Griff nach den Sternen mitbringt, läuft einfach zu Fuß durchs All. Das geht nicht? Doch, der **Planetenweg** zwischen **Ludwigsburg** und **Bietigheim** bringt den Himmel auf Erden. Trotz riesiger Teleskope und hochauflösender Fotos ist die uns umgebende Unendlichkeit nur schwer zu fassen. Maßstabsgerecht verkleinert und mit Planeten zum Anfassen gelingt es eher, die gewaltigen Dimensionen begreifbar zu machen. **Schüler des Ludwigsburger Goethe-Gymnasiums** haben 2006 einen Planetenweg ins Leben gerufen, auf dem die Lichtjahre zu Wanderminuten schrumpfen und es ermöglichen, durch unser Sonnensystem zu reisen. Entlang einer Wanderstrecke sind die wichtigsten Punkte unseres Sonnensystems markiert. Die Größen und Abstände der Sonne und ihrer neun Planeten sind im Maßstab eins zu einer Milliarde dargestellt. Die tatsächliche Entfernung zwischen Sonne und Pluto beträgt sechs Milliarden Kilometer. Das macht nach Adam Riese sechs Kilometer Wegstrecke in der Ludwigsburger Miniaturausgabe. Rund 200 Meter nördlich des Favoriteparks in Ludwigsburg-Eglosheim beginnt der Besuch bei der Sonne selbst. Der Weg verläuft über das **Schloss Monrepos** bis an den südlichen Rand des Bietigheimer Forstes. Vom letzten Standort aus ist die S-Bahn-Station Bietigheim zu erreichen. Künstlerisch ausgearbeitete Stelen, die **Studierende der PH Ludwigsburg** entworfen haben, heben die einzelnen Planetenstandorte heraus. Schüler des **Berufsschulzentrums Bietigheim-Bissingen** fertigten Gestelle für blindenlesbare Informationstafeln mit wissenschaftlichen Daten zur Sonne und den Planeten. Die Realisierung dieses Projekts übernahmen die sechs Kommunen Bietigheim-Bissingen, Freiberg, Ingersheim, Ludwigsburg, Remseck

Rechteckiger Stern am Architekturhimmel: Corbusierhaus und Weißenhofsiedlung

und Tamm. In den jeweiligen Rathäusern sind Faltblätter zum Planetenweg erhältlich.

Oft ist es gar nicht notwendig, den Blick zum Firmament zu wenden, um Sterne zu erspähen. Es reicht schon aus, rauf auf den Killesberg zu gehen. Dort leuchten einzigartig weiße Juwelen am **Stuttgarter Architekturhimmel. Die Weißenhofsiedlung** aus dem Jahr 1927 samt des zum Museum umfunktionierten **Le-Corbusier-Hauses** zählt zu den herausragenden

Baudenkmälern der modernen Architektur in Europa. Mit der Weißenhofsiedlung, einstmals von Kritikern aufgrund der vorwiegend weißen Flachdachbauten als **Araberdorf** verspottet, steht die Mustersiedlung des Neuen Bauens seit 1958 unter Denkmalschutz. Das kostbare Ensemble gammelte nach dem Krieg vor sich hin und **stand kurz davor, abgerissen zu werden** – ganz schwäbisch gründlich, das alte Glomp, das unansehnlich geworden war. Heute sind alle froh, dass die Siedlung, die als Anschauungsmodell für zukünftiges Wohnen in der Großstadt konzipiert worden war, heil geblieben ist. Unter der künstlerischen Leitung des Berliner Architekten **Ludwig Mies van der Rohe** wurden namhafte Vertreter der europäischen Architektur-Avantgarde eingeladen, sich an der Planung dieser Mustersiedlung zu beteiligen. Ihre Aufgabe war es, Wohnhäuser für Familien in kleinen und mittleren Verhältnissen zu entwerfen. **Nirgendwo sonst findet sich weltweit ein vergleichbares Ensemble**, in dem sich Architekturperlen der wichtigsten Neuerer des Bauens wie in einem Freilichtmuseum präsentieren. Die verwirklichten Konzepte reichten vom begrünten Terrassenhaus bis zu Experimenten mit freien Grundrissen und Fassadengestaltungen oder der Erprobung industriell vorgefertigten Montagebaus. Die Weißenhofsiedlung lockte 1927 innerhalb von drei Monaten rund eine halbe Million Besucher aus dem In- und Ausland an.

Topfgucker mit Stern

Am allernächsten sind wir den Sternen allerdings mit unserem Gaumen, mit der Zunge, der Nase und im Zweifelsfall sogar sensorisch mit den Fingern. Die Herrscher über Küchen und Köche, die ungekrönten Könige des guten Geschmacks, schmücken sich

Auf dem Ludwigsburger Planetenweg ist der Weg zur Sonne nicht weit

seit vielen Jahren mit gastronomischen Sternen, die hell über Stuttgart und der gesamten Region leuchten. Früher stand notgedrungen **sparsamste Kochkunst** hoch im Kurs. Noch zu Zeiten als manche Autos bereits Sterne trugen, rührte im Württembergischen meist Schmalhans als Küchenmeister am Herd sein dünnes Süppchen. Dann gab's **Ofenschlupfer** – die süße Resteverwertung trockener Brotkanten – oder **Kutteln** und **saure Nierle**, weil das beinahe Fleisch war, oder Sauerkraut wie weiland bei Witwe Bolte, nur ohne die Hühner dazu. Allein zu hohen Festtagen wurde der gemischte Braten mit Spätzle aufgetragen und bitte mit viel Soße, gell. Strenge Pietisten servierten die **Kässpätzle** gleich ganz **ohne Käse**, so erinnert sich ein Altvorderer, denn solche unchristlichen Völlereien gab es eher im katholischen Oberschwaben, wo man den lieben Gott doch eher mal einen guten Mann sein ließ als hier. Ob es an diesen Entbehrungen liegt, dass sich die Gäste nun durchs Feinkostschlaraffenland schlemmen? Fakt ist, dass in den vergangenen Jahren **bis zu 15 Michelin-Sterne** über den besten Kochmützen in Stuttgart und der umliegenden Region erstrahlten. Die genialen Topfgucker, Sauteusen-Dompteure, Kräutergurus und Messerakrobaten erstaunen und verwöhnen ihr Publikum mit immer neuen Kunststückchen auf Tellern und Platten. Und wie es so ist im Schwäbischen: Die Sterne halten sich beständiger als anderswo. **Knapp zehn Prozent aller Ein-Sterne-Lokale in Deutschland** sind hier in der Region beheimatet. Da kann allenfalls noch Hamburg mithalten. Und übrigens, wo liegt eigentlich München?

Romantik mit Zacken

Welcher Stern in Stuttgart ist aus Eisen und hat die meisten Zacken? Das ist natürlich **die Stuttgarter Zahnradbahn**, die einzige der vier Zahnradbahnen in Deutschland, die nicht allein Touristen auf einen Berg schaufelt, so wie die Zugspitz-Wendelstein- und die Drachenfelsbahn. **Die Zacke**, wie sie liebevoll genannt wird, versieht unermüdlich auch im täglichen Berufsverkehr einer Großstadt ihren Dienst. Vom Marienplatz nach Degerloch klettert sie seit 1884 auf der bis zu 18 Prozent steilen Strecke nach oben und überwindet dabei 205 Höhenmeter. Die Fahrgäste genießen derweil prächtige Panoramablicke auf die am meisten unterschätzte Großstadt Deutschlands. „Hinauf zu Sonne und Licht – mit der Zahnradbahn“: Mit diesem Spruch warben die Stuttgarter Straßenbahnen in den 1930er-Jahren für die Zacke. Sie ist auch unter dem Beinamen **„Bahn zur schönen Aussicht“** bekannt, und Ex-Bundespräsident **Theodor Heuss** soll sie sogar als „pünktlichste, zuverlässigste und wohl auch

Gleich ist es geschafft: Die Zacke bringt uns zu einer Drei-Sterne-Aussicht

schönste Nahverkehrsbahn der ganzen Welt“ bezeichnet haben. Radfahrer umgehen die Schnauferei den Berg hoch und laden ihren Drahtesel kostenlos auf den mitgeführten Fahrradwagen. 1884 dampften die ersten schweren Zahnradloks nach dem Schweizer Rigi-Vorbild mit Tempo 12 vom Stuttgarter Talkessel hinauf auf die Fildern. 1904 wurde auf elektrischen Betrieb umgestellt und nur noch Passagiere, keine Güter mehr befördert.

Heute werden moderne vierachsige Zahnradtriebwagen eingesetzt, die mit Tempo 30 die Steigung überwinden. Sie stehen unter den Fittichen der SSB. Betreiberin der Zahnradbahn bis 1920 war die neu gegründete **Filderbahngesellschaft**. Zu deren Hauptinitiatoren gehörten **Emil Keßler junior**, Direktor der Maschinenfabrik Esslingen, und **Carl Kühner**, Baustoffhändler aus Degerloch. Der geschäftstüchtige Emil Keßler wollte damals für den Bau lokaler Bahnen werben. Keßler erhoffte sich vor allem Folgeaufträge für seine Lokomotivfabrik. Darüber hinaus diente die Bahn nach Degerloch auch als **Musterstrecke**, um die Bergbahntechnik bekannt zu machen. Der Erfolg stellte sich bald ein. Die Esslinger Schienenfahrzeuge waren gefragte Exportprodukte.

Mit der Stuttgarter Zacke pendelten anno dazumal auch **Milchkannen** und **Briefe** den Berg rauf und runter. Und Degerloch hätte sich wohl nicht so schnell zu einem beliebten Wohnort entwickelt, wenn es diese Verbindung nicht gegeben hätte. Trotzdem waren die Fahrgastzahlen lange nicht berauschend, denn viele sparsame Degerlocher gingen weiterhin zu Fuß, und die Tagesausflügler alleine konnten die Bahn kaum finanzieren, obwohl Mitbegründer Carl Kühner in Degerloch eigens einen **Aussichtsturm** erbaute. Um die Bahn noch attraktiver zu machen, opferte der damalige **Straßenbahndirektor Paul Loercher** 1935 sogar sein Wohnhaus und machte den Weg frei für die Verlängerung bis zum Marienplatz. Ursprünglich begann die Zahnradstrecke an der Filderstraße im Zahnradbahnhof, der heute noch als Bahndepot existiert und das **Theater „Rampe“** beherbergt. Die Pläne für den Zahnradbahnhof kamen von Paul Bonatz, dem Architekten des Stuttgarter Hauptbahnhofs. Während des **Wirtschaftswunders** erlebte die Zacke ihre Glanzzeit. Bis zu 10 000 Menschen täglich ließen sich von ihr auf den Berg und hinab fahren und machten sie zur am dichtesten befahrenen

Strecke der SSB. Heute besteht ihre glanzvollste Aufgabe darin, romantisch angehauchte Zeitgenossen einem doppelten Sternenhimmel näherzubringen, denn die Stuttgarter Zacke führt zu einer **Aussicht**, die **mindestens drei Sterne** verdient hat. Funkeln dann die echten Sterne von oben und gleißen tausende Lichter aus dem Kessel herauf, wähnt sich so mancher dem Himmel ein wenig näher als anderswo. Doch wo leuchtet **der größte und wichtigste Stern** über Stuttgart und der Region? Nein, es ist nicht der auf dem Bahnhofsturm. Es ist derjenige, der uns überhaupt am Leben erhält. Ohne die Sonne wäre es hier ziemlich kalt, düster und leer. Wie praktisch ist es doch, dass **Stuttgart** zu den deutschen Städten mit den **meisten Sonnenstunden** gehört.

Ortsregister

Auftaktbilder und Doppelseiten:

Seite 10
Volle Kraft voraus – auf der Schwäbischen Eisenbahn

Seite 32
Ohne Karl den Großen gäbe es den Stuttgarter Psalter nicht

Seite 60
Im Untergrund verbergen sich Kostbarkeiten: Löwenmensch aus dem Lonetal

Seite 92
Ohne Elefäntle wäre der Teddybär wohl nie erfunden worden

Seite 112
Als Autos noch unbekannt waren – das Wahrzeichen der Region

Seite 140
Ein schwebendes Dach zeigt, was hier alles möglich ist

Seite 162
Keplers Zeichnung der Supernova – ein Sterngucker, der seiner Zeit weit voraus war

Bildnachweis

akg-images: 54, 59, 158, 161, 162 (IAM/akg)
dpa/picture alliance, Frankfurt: 10 (Bildagentur Huber), 22/23 (Eventpress Hoensch), 43 (dpa), 98 (dpa), 112 (Arco Images GmbH), 119 (Helga Lade Fotoagentur GmbH, © Klaus Baier/Helga Lade), 131 (Bildarchiv Monheim), 166 (augenklick/firo Sportphoto), 169 (Geisler-Fotopress), 182 (dpa), 187 (Bildagentur Huber)
Gemeinde Deggingen: 49
Armin Eisrich, Schorndorf: 138
FESTO AG & Co. KG: 103
Förderverein Schienenbus e. V. Kornwestheim, www.roter-flitzer.de: 29
Foto: Geschäftsstelle Grüne Nachbarschaft, www.gruene-nachbarschaft.de: 189
Rose Hajdu, Stuttgart: 77
Roland Halbe Fotografie: 144
Kessler Sekt: 85
Klemm Flieger-Forum, Stefan Saile: 146, 149
Landesmuseum Württemberg, Stuttgart, Foto: P. Frankenstein, H. Zwietasch: 51
Stefan Metzler: 66
Ramessos: 157
Frank Ronneburg (www.tischbahn.de): 20
Rübezahl Schokoladen GmbH: 99
Salamander GmbH: 105
Schutzbauten e. V. Stuttgart: 70
Stadtmuseum „Alte Post" Ebersbach: 7
Steiff Museum Giengen: 92
Stuttgarter Straßenbahnen AG: 191
Foto: Tesat-Spacecom: 155
Foto: TRUMPF Gruppe: 140
Ulmer Museum, Foto Thomas Stephan: 60
Universitätsstadt Tübingen: 179
Württembergische Landesbibliothek Stuttgart, Sign. Cod. bibl. 2° 23: Stuttgarter Psalter, Bl. 83r: 32
aus: Beilage 55 der 6. Lieferung der Illustrierten Geschichte der deutschen Literatur von Dr. Anselm Salzer, Tuschzeichnung von V. Heidelhoff: 89

Alle weiteren Abbildungen stammen von der Autorin.

Es gibt noch viel zu entdecken!

Von Andreas Renz und
Gabriele Braun
219 S. mit rund 150 farb.Abb.
ISBN 978-3-8062-2319-4

Baden-Württemberg hat es in sich: den größten Marktplatz und den heißesten Ort Deutschlands, die engste Straße der Welt und den umstrittensten Bahnhof aller Zeiten, berauschend schöne Natur, skurrile Orte und Stätten der Weltgeschichte.
Die Autoren erzählen lebendig und atmosphärisch von den besonderen Orten in Baden-Württemberg. Als ausgewiesene Kenner des Landes – und vieler Anekdoten und Geschichten – führen sie zu Highlights wie Kloster Beuron oder dem römischen Limes, in die tiefe Schlucht des Höllentals oder zu Tomi Ungerers skandalträchtigem Klohäuschen in Plochingen.

Mehr unter www.theiss.de

THEISS